돌에 새긴 시대의 속내

06
융합문명연구원 포항학총서

돌에 새긴
시대의 속내

포항의 선정비

김윤규

도서출판 나루

머리말

직장에 왔는데 직장이 마침 포항에 있더라는 사람들이 포항에 수만 명 있다. 사랑하는 사람과 결혼했는데 그 사람이 포항에 있더라는 사람도 그만큼 더 있다. 더러 이리저리 옮겨다니는 분들도 있지만, 포항에는 수입이 있으므로 떠나기도 쉽지 않다.

대표적으로 대학의 교수가 그렇다. 거주지 이동으로 보면 교수는 식물이다. 일단 어느 대학에든 자리를 잡으면 옮겨심을 수가 없다. 어쩌다 옮겨 심어도 시들시들하다가 정년이 된다. 약간의 예외가 있지만, 모두 그렇게 특별한 것은 아니다. 나는 특별하지 않다. 그러므로 나는 포항에 살고 있다.

포항에서 늙어가는 내 인생을 생각하다가, 포항이 나의 존재의 일부인가를 생각하다가, 그러면 내가 할 수 있는 일은 무엇인가를 생각하다가, 공부한 것을 이용하여 문헌문화재와 금석문화재를 연구하여 알려야겠다는 생각에 이르렀다. 찾아보니, 포항에는 포항사람 스스로 중시하지 않는 문화유물이 생각보다 매우 많았다. 멀게는 고인돌부터 암각화에다 근래의 비석과 문집에 이르기까지, 포항 선인들이 남긴 이야기는 정말 많았다. 포항사람들이 귀 기울이지 않을 뿐이었다.

늘 생각하지만, 돌에 무엇을 새기는 것은 조심스러운 일이다. 쇠는 녹이라도 슬고 나무나 종이는 썩기라도 하지만, 돌은 지구 소멸까지 불변할 가능성이 크다. 그래서 옛사람들은 비석 하나라도 세우기를 조심했다. 글자 하나도, 작은 사실도, 허위나 과장이 없도록 조심하고 조심했다. 그래서 오래된 비석들은 세월의 이끼와 함께 무거운 의미를 담고 서 있다.

그러다가 요즘 갑자기 그런 조심성이 풀렸다. 신분 제약이 없어지고, 염치가 없어지자 눈치 보기도 사라졌는데, 주머니에 돈도 좀 넉넉해지자, 사람들은 돌에 글자를 새겨 세우기 시작했다.

예를 들면, "착하게 살자" 비슷한 비석은 고을마다 섰고, "봉사한다"라고 큼직하게 새긴 돌도 곳곳에 서 있다. 모든 돌은 반드시 세운 자의 이름도 새겼고, 심지어 조상을 추모하는 비석에조차 돈 낸 후손의 이름을 새기기도 했다.

그뿐이 아니다. '동부마을, 서부공장, 남부학교, 북부회사, 중부협회' 등의 안내판도 모두 돌에 글자를 새겨 세웠고, 신이 나면 돼지를 기르는 농장 이름도 돌에 새기고, 이름 없는 조상을 고위관직에 임명하고 돌에 새겨 세웠다.

너무 많다. 이러다가는 영세불멸의 쓰레기들이 국토를 덮을 수도 있다. 아마 결국은 뜻깊은 비석과 단단한 쓰레기가 구별되지 않을 것이다.

그래서 우리가 비석을 읽어야 하는 것이다. 읽지 않는 비석은 그저 돌덩이, 통행지장물일 뿐이다. 내용을 읽고 그 의미를 아는 이에게만 비석은 속내를 드러내고, 쓰레기에서 걸어나와 문화재로 거듭날 것이다. 그런데 우리는 비석을 읽지도 않고 그냥 돌덩이라고만 한다.

우리가 비석을 읽지 못하는 중요한 이유는 한자漢字이다. 한자는 오랜 세월동안 우리 조상들의 공용문자였는데, 최근에 사용이 줄어들면서 급작스럽게 우리 곁을 떠났다. 그래서 한자는 그냥 어려운 글자라는 느낌만 남았다. 그러나 한자 자체는 어쨌든

편리한 문자의 하나이다. 그리고 당연히, 한자로 쓰인 글도 우리의 자랑스러운 유산이다. 모든 시민이 한문으로 읽을 수 있기를 기다리기에는 시간이 많지 않다. 좀 더 쉽게 비석에 접근할 수 있도록 가공해서 제공하는 것이 훨씬 빠른 길이다.

그래서 이번에는 포항에 세워진 선정비들을 읽어 내놓기로 했다. 조사해보니 포항에는 90기가 넘는 선정비가 있다. 원래는 이보다 훨씬 많았다. 세워진 뒤에 이런저런 이유로 파손되거나 매몰된 비석도 많았기 때문이다. 지금도 선정비들의 훼손은 진행되고 있다. 그러면 지금 남은 비석들에는 어떤 내용이 적혀 있을까. 도대체 정말 포항에 선정비가 그렇게 많은가. 안 보이던데, 어디에 있는가.

이 책은 포항에 있는 선정비들을 하나하나 모두 읽은 보고서이다. 일단 포항의 모든 역사서를 조사하여 선정비가 세워진 기록을 찾았고, 실제로 남은 선정비를 모두 실측하고 손으로 짚으면서 읽었다. 혹시 어떤 비석은 마모가 심해 다 읽지 못한 경우가 있지만, 현 상태로는 최선을 다해 읽었다. 그리고 그것을 한글로 번역하고 당대의 실록과 승정원일기 등 관찬자료로 대상 수령의 인적사항을 조사하여 정리했다. 이 과정에서 이전의 기록이 정확하지 않은 경우나 이전에 기록되지 않은 비석이 발견되기도 했다.

이제 이 기록을 포항시민께 보고한다. 시민들께서도 가능하면 여기 기록된 선정비들을 답사해 주시기를 기대한다. 그중에는 침략자와 싸운 영웅도 있고 땀 흘려 지역문제를 해결한 원님도 있으며, 특산물을 수탈한 기록도 있고 백성을 괴롭힌 아전들의 행태도 있다. 자세히 지켜보면 매우 많은 이야기들을 담고 있는 것이 선정비이다. 그러나 머리말에서 다 말할 수는 없다. 세세한 이야기는 직접 손으로 짚어 보시면 느껴질 것이다.

실은 이런 경험을 통해 선정비에, 나아가 다른 비석들이나 문화유산에도 좀 더 친밀한 시선을 주는 시민들이 되시기를 기대한다. 일단은 포항에서, 가능하면 범위를 넓혀서.

이 책을 내도록 협조해 주신 포항시청 김진규 팀장과, 함께 비석을 쓸고 다닌 박창원 교장께 감사한다. 그러지 않아도 책으로 내고 싶었는데 마침 출판을 제안하신 포스텍 노승욱 교수님께 감사한다.

김윤규

머리말

제1장 선정비에 대한 공부

1. 선정비를 세우는 이유 · 13
2. 선정비의 왜곡과 훼손 · 20
3. 선정비에 대한 사전 공부 · 26
4. 포항지역 선정비의 위치와 목록 · 44

제2장 선정비 읽기

1. 옛 흥해군 · 54
2. 옛 청하현 · 150
3. 옛 연일현 · 191
4. 옛 장기현 · 269
5. 옛 경주부 · 306
6. 목관 · 339

제3장 선정비 산책

1. 선정비를 이해하면서 · 353
2. 선정비와 만나기 · 356

제1장

선정비 공부

1. 선정비를 세우는 이유

포항에 부임한 관원

우리나라의 옛 지방행정은 제후를 세우고 통치를 위임하는 봉건(封建)제도와 달리, 중앙에서 임명된 지방관이 행정업무를 담당하는 군현(郡縣)제도로 운영되었다.

우리나라의 군현제는 임무의 융통성이 적었고 임기가 짧았기 때문에 행정구역의 크기가 비교적 작고 관리체계가 촘촘한 편이었다. 그 결과 군현의 규모가 작고 일일이 규찰하기가 어려웠으므로 군현이 직접 중앙관서에 직할되지 않고 광역 행정단위로 관찰(觀察)되는 방법으로 운영되었다.

이 제도가 가장 안정적으로 운영되었던 조선시대의 경우, 전국은 8도(道)로 나뉘고 각 도에 관찰사(觀察使)를 두고, 각 도는 수십개소의 부목군현(府牧郡縣)으로 나뉘어 각각 도호부사(都護府使) 목사(牧使) 군수(郡守) 현감(縣監)을 두었다.

조선의 법전인 『경국대전(經國大典)』에는 모든 관료의 직급과 정원을 규정해 놓았다. 그중에서 경상도의 문관직을 정리하면 다음과 같다.

『譯註 經國大典』, 「吏典」外官職, 韓國精神文化研究院, 1995

품계	관직	정원	임지
종2	관찰사	1	경상도
종2	부윤	1	경주
정3	대도호부사	1	안동
정3	목사	3	상주 진주 성주
종3	도호부사	7	창원김해영해밀양선산청송대구
종4	군수	14	합천 함양 초계 청도 永川 예천 榮천 흥해 울산 양산 함안 金산 풍기 곤양
종5	도사	1	경상도
종5	판관	5	경주안동상주진주성주
종5	현령	7	영덕경산동래고성거제의성남해
종6	찰방	5	유곡김천안기장수성현
종6	현감	34	개령 거창 삼가 의령 하양 용궁 봉화 청하 언양 칠원 진해 하동 인동 진보 문경 함창 지례 안음 고령 현풍 산음 단성 군위 비안 의흥 신녕 예안 영일 장기 영산 창녕 사천 기장 웅천
종6	교수	12	경주 안동 상주 진주 성주 창원 김해 영해 밀양 선산 청송 대구
종9			훈도 55 왜학훈도2 심약3 검률1 역승6

경상도의 무관직은 다음 표와 같다.

『譯註 經國大典』, 「兵典」外官職, 韓國精神文化研究院, 1995

품계	관직	정원	임지
종2	병마절도사	3	좌도 우도 관찰사겸임
정3	수군절도사	3	좌도 우도 관찰사겸임
정3	병마절제사	1	경주
종3	병마우후	2	좌도 우도
종3	병마첨절제사	5	안동 대구 상주 진주 김해

품계	관직		포항시 관할구역
종3	수군첨절제사	2	부산포 제포
종4	병마동첨절제사	20	(경주진관)울산 양산 永川 흥해 (안동진관)영해 청송 예천 榮川 풍기 (상주진관)성주 선산 김산 (진주진관)합천 초계 함양 곤양 (김해진관)창원 함안 (대구진관)밀양 청도
종4	수군만호	19	(부산포진관)두모포 감포 해운포 칠포 포이포 오포 소생포 다대포 염포 축산포 (제포진관)옥포 평산포 지세포 영등포 사량 당포 조라포 적량 안골포
종6	병마절제도위	46	(경주진관)청하 영일 장기 기장 동래 언양 (안동진관)의성 봉화 진보 군위 비안 예안 영덕 용궁 (상주진관) 성주 개령 지례 고령 문경 함창 (진주진관)거창 사천 남해 삼가 의령 하동 산음 안음 단성 (김해진관)거제 칠원 진해 고성 웅천 (대구진관)경산 하양 인동 현풍 의흥 신녕 영산 창녕

이 중에서 대부분의 무관직은 수령이 겸임하였으므로 직접적으로 백성의 삶에 개입하는 관원은 수령직이었다. 위의 관직 중에서 다시 현재의 포항 지역에 부임한 지역 수령에 국한하여 정리하면 다음과 같다. (행정구역 변동과 조정이 있었으므로 세밀하게 일치하지는 않음)

품계	관직	포항시 관할구역
종2	경상도 관찰사	전역
종2	경주부윤	신광면 기계면 기북면 죽장면
종4	흥해군수	흥해읍 동지역일부
종6	청하현감	청하면 송라면
종6	연일현감	연일읍 오천읍 대송면 동해면 동지역 대부분
종6	장기현감	장기면 구룡포읍 호미곶면
종6	송라찰방	도로 역원

관원의 선정과 기념

이렇게 배정된 관직에 따라 필요한 관료들은 조정의 심의를 거쳐 국왕에 의해 임명되었고, 이들은 상위기관의 관찰 아래에서 법률에 따라 관할지역의 행정을 집행하였다. 당연히, 이들에게는 성실하고 공정한 행정 집행의 의무가 있었다. 그러므로 기본적으로 모든 관직자는 선하게 행정하는 것으로 간주되었다. 그들의 임무를 목민(牧民)이라고 한 것이 바로 그런 뜻이었다. 그들은 관념적으로 상위에 있으면서 하위에 있는 지역민을 안전하고 풍요하게 길러야[牧] 할 책임이 있었다.

실제로 많은 수령이 선정(善政)을 펼쳤다. 그들은 자신을 희생하면서까지 지역민의 고통을 돌보기도 했고, 백성들 스스로 해결할 수 없는 제도적인 난제를 풀어주기도 했다. 백성을 괴롭히는 세금문제나 지역갈등이나 개인적인 다툼 등도 모두 수령에게 주어지는 숙제였다. 이런 문제를 지혜롭고 순조롭게 풀어주는 수령들은 백성들로서 단비와 같은 은혜였다.

그러나 모든 수령들은 임기의 제한을 받았다. 조선시대 지방 수령의 임기는 대체로 2년이었는데, 임기가 만료되는 것을 과만(瓜滿)이라고 했다.

임기가 만료되는 경우에는 특별한 사정이 없으면 수령이 교체되었다. 선정을 베푼 수령들이 떠나는 것을 안타까워한 백성들은 상급 관청에 호소해서라도 그들을 유임시키려고 애쓰기도 했다. 그러나 어떤 경우에도 무기한 유임할 수 있는 관료는 없다.

선정을 한 수령이 지역을 떠나면 지역민들은 아쉽고 그리운 마음을 표현하기도 했다.

　존경하는 수령이 떠나는 데 대한 가장 일차적인 반응은 우는 것이다. 그러나 일시적인 눈물로 마음을 다 표현하지 못하면 그런 의미를 새긴 비석을 세울 수도 있었다. 타루비(墮淚碑)라는 것이 그런 뜻이다. 처음에는 중국에서 세워졌으나 우리나라에도 충무공을 추모하는 타루비 등이 있다.

　그러나 감사한 마음을 표현하는 방법이 우는 것만 있었던 것은 아니다. 소박하게 특산물을 드리는 방법도 있었고, 작별의 시나 노래를 지어 올리는 방법도 있었다. 이렇게 지역마다 사정이 달라서 각 상황에 따라 감사를 표현하는 여러가지 형태가 나타났다. 그중에서 비교적 흔하고 보존이 잘 된 방법을 대강 요약하면 다음과 같다.

① 비석류

• 목비(木碑)

　나무를 깎아 그 면에 수령의 선정 내용을 쓰거나 새겨서 세우는 것이다. 시간과 비용이 적게 들기 때문에 쉽게 착수하고 완료할 수 있었으므로 초기에 많이 세워진 듯하나 보존된 것이 없고, 후기에는 많이 세우지 않은 듯하다. 일부 사찰에서 검소하게 목비를 세운 예는 자주 볼 수 있다.

• 석비(石碑)

　돌에 새겨 세우는 것이다. 시간과 공력은 더 들지만 보존성과 시각적 효과가 크기 때문에 가장 많이 세워졌고, 현재까지 가장 많이 남아 있다. 별도의 돌을 구해서 옮겨다 세우는 경우에는 대체로 비각 건물과 함께 세웠고, 절벽에 비석방을 파고 새기는 감실비(龕室碑)나 절벽을 깎고 바로 새기는 마애비(磨

崖碑)도 있었다.

- 철비(鐵碑)

  수령의 선정 내용을 주물판에 조각하고 쇳물을 부어 철제 비를 주조하여 세우는 것이다. 비용과 기술이 많이 필요하므로 경상도 지방에는 흔하지 않지만, 경기 호서남지방에는 가끔씩 나타나는 형태이다.

② 사당류

- 사당(祠堂)

  수령이 떠난 뒤에 그가 죽었다는 소식을 들은 지역민들이 그를 추모하여 세우는 제당이다. 대부분은 작은 규모의 건물을 따로 짓고 신주를 봉안하여 일정한 날짜에 제사를 지내면서 그의 은혜를 그리워했다.

- 생사당(生祠堂)

  떠난 수령이 아직 살아 있는데도 그에게 감사를 표하기 위해 사당을 짓고 배례한 예가 있었다. 역시 별도의 건물에 수령의 영정이나 물건이나 상징물을 두고 제사를 지내기도 했다.

③ 물건류

- 만인산(萬人傘)

  고위 관료들이 외출할 때 햇볕을 가리는 일산(日傘)을 사용하던 풍습에서, 그 일산에 감사의 문구를 자수로 새겨서 떠나는 수령에게 선물한 것이다. 일산의 비단폭에는 대체로 칭송의 글을 넣고, 일산대의 끝에 장식하는 천을 달면서 거기에 지역민의 이름을 새겼는데, 처음에는 천인산(千人傘)이다가 차츰 과장되어 만인산까지 유행하였다.

  임기 중에 있는 지방 수령들은 성실한 직무수행에 대해 상급

기관의 규찰과 평가를 받았다. 그들은 매년 2회에 걸쳐 관찰사와 이조에 의한 정기적인 포폄(褒貶)을 받았고, 관찰사에 의한 부정기적인 순찰감독을 받았고, 어사(御史)나 안핵사(按覈使) 감진사(監賑使) 등에 의한 임시적인 감독을 받았고, 암행어사(暗行御史)에 의한 불시점검을 받았다.

그러나, 이런 공적 체계에 의한 평가보다 더 정직하고 의미있는 것은 지역민의 자발적인 평가였다. 수령에 대해 지역민이 만족해하고 감사한다면, 그것은 수령 개인에게도 영광스러운 일이지만 평가자에게도 좋은 자료가 될 수 있었다. 그러므로 일찍이 관찰사나 어사들은 지역민의 민심을 알고자 했고, 수령들은 지역민의 좋은 평가를 평가자에게 전달하고자 했다. 실제로 재임 현지의 평가는 구하기 어려웠지만 전임지의 평가는 비교적 구하기가 쉬웠다. 그러므로 선정비가 있는 수령은 좋은 평가를 받는 예가 많았다.

그러자 선정비를 세우는 일에 지역민의 자발적 존경만이 아니라 수령과 유력자들의 현실적 압력이 개입하기 시작하였다. 이 때부터는 선정비가 아름다운 풍속이 아니라 백성의 고통이 되기도 했다.

2. 선정비의 왜곡과 훼손

선정비 왜곡에 대한 기록

선정비는 원칙적으로 선정을 베푼 수령이 이임한 뒤에 지역민이 자발적으로 설립하는 것이었다. 조선도 왕조가 수립되고 기강이 확립된 조선 초기까지는 비교적 이런 전통이 지켜졌던 것으로 보인다. 그러나 조선 중기 이후 관료의 기강이 해이해지고 수령의 명예욕이 통제되지 않으면서, 선정비가 남설(濫設)되는 경향이 있었다. 조정에서는 자주 이를 금단(禁斷)하기 위한 의논이 일어났고, 설립된 선정비를 철거 매몰하라는 명령도 자주 내려졌다. 이 상황을 보여주는 자료의 일부는 다음과 같다.

『성종실록』 성종 20년(1489) 4월 21일
조선 전기에 이미 생사당이 있다는 사실

이극배(李克培)가 의논하였다.

"신담이 만약 참으로 백성들에게 실질적인 은혜를 베풀었다면 포상하는 것은 가합니다. 옛날에도 생사당(生祠堂)을 세워 제사지낸 자가 있기는 했으나 이 또한 괴이한 일이라고 할 수 있습니다. 그러나 일을 벌여놓기 좋아하는 자들이 이러한 일들을 주창(主

唱)하고, 그 당류들이 따라서 화답하여 고을 수령을 기쁘게 함으로써 고을에서 명예를 얻으려는 자들이 많이 있으니 살피지 않을 수 없습니다. 전일 유자광(柳子光)이 남원 부사로서 정적(政績)이 있다는 칭송이 있어 비석을 세워 덕을 기리려고 했지만, 조정에서 또한 후일의 폐단을 염려하여 허락하지 않았으니 성상께서 재량하소서."

『인조실록』 인조 9년(1631) 12월 12일
선정비가 세워지는 과정

간원이 아뢰었다.

"수령의 업적을 비석으로 세우는 일이 중고(中古) 이전엔 겨우 한두 경우가 있었을 뿐 거의 없었는데, 근일에 목민관이 된 자는 전적으로 명예 구하는 것만을 일삼아 먼저 목비(木碑)를 세우고 또 석각(石刻)을 세웁니다. 그러나 그의 치적을 객관적으로 살펴 보면 조금도 실제의 공효가 없는데, 인심이 날로 비하되어 아첨하는 것이 풍습을 이루었으니, 오늘날 제거하기 힘든 폐단이 되었습니다. 각도의 감사로 하여금 일체 엄금하도록 하고, 만일 성적(聲績)이 없는데 명예를 구하여 비(碑)를 세우는 자가 있으면 주동한 품관(品官)을 무거운 벌로 다스려 투박한 습속을 바로잡으소서."

『숙종실록』 숙종 10년(1684) 8월 3일
능관도 선정비를 세움

임금이 능을 알현하고 돌아오다가, 능관(陵官)의 선정비가 아직 길가에 서 있는 것을 보고는 도신(道臣)으로 하여금 금단하게 하였다.

『숙종실록』숙종 33년(1707) 9월
선정비를 금단함

시독관 권첨(權詹)이 외방에서 비석(碑石)을 세우거나 생사당(生祠堂)을 짓는 것을 금지할 것을 청하니, 그대로 따랐다.

『영조실록』영조 1년(1725) 1월 23일
이임하기 전에 선정비를 세움

이조판서 민진원(閔鎭遠)이 아뢰었다.

"수령의 비석을 세우고 생사당을 짓는 것은 숙종 때의 금령이 지극히 엄한데, 조정의 명령이 행해지지 않았으니 참으로 한심합니다. 수령이 체직되기 전에 길가에 비석을 세우는 것을 수령이 보고도 금하지 않으니, 더욱 해괴합니다. 《대명률(大明律)》에 현임관(現任官)이 스스로 비석을 세우는 자는 죄를 주게 되어 있는데, 이는 스스로 세우는 것과 무엇이 다르겠습니까? 전 경상감사 김동필(金東弼)은 송덕하는 것을 보게 하는 비석을 새겨 금산 군수 윤동로(尹東魯)에게 제목을 쓰게 하였으니, 김동필은 추고해야 마땅합니다."

임금이 그대로 따르고, 입비(立碑)하는 것을 금하라고 명하였다.

『승정원일기』영조 11년(1735) 1월 3일
선정비를 금단함

함경 감사 박문수가 아뢰었다.

"신이 평양을 지나면서 보았는데, 전후 감사의 생사당과 선정비가 셀 수 없었습니다. 감사의 치적은 고사하고 오직 아첨하는 것만 습성이 되어서, 군민에게 거두어들이니 그 폐단이 지극합니다. 지금 그 감사들의 비석을 대동강에 빠뜨리고 화상을 제거한 뒤에야 민간의 습성이 발라질 것입니다."

"위가 흐리면 아래가 맑을 수 없다. 지난 번 회계한대로 시행하라."

『정조실록』 정조 13년(1789) 6월 19일
선정비를 칭찬하면 처벌함

우의정 채제공(蔡濟恭)이 아뢰었다.

"원춘도(原春道) 포폄 계본(褒貶啓本) 중 회양 부사에 관한 제목(題目)에 '잔약한 중이 절벽에 칭송하는 글을 새겼다.'고 썼습니다. 대체로 선정비를 세우는 것은 그 원이 갈려간 뒤에 있는 일인데, 그 원이 그 고을에 있는데도 그 고을 백성들이 절벽을 깎아 칭송하는 글을 새긴 것은 아첨이 가증스러울 뿐만 아니라 뒷날의 폐단에도 관계가 있습니다. 그런데도 도신(道臣)은 드문 일로 보아 번거롭게 상주하기까지 하였으니, 감사 이도묵(李度默)을 무거운 쪽으로 추고하소서."

"윤허한다."

『승정원일기』 순조 30년(1830) 2월 2일
이미 세운 것도 매몰함

공충도(公忠道) 암행어사 홍원모(洪遠謨)의 별단입니다.

"수령이 갈려 간 뒤에 비석을 세우고 은혜를 칭송하는 것이 실은 백성과 고을의 폐단이 되었습니다. 각도에 엄히 신칙하여, 이제부터 선정비를 세우는 곳에 대해서는 선창한 자를 찾아내어 유배형에 처하고, 금단하지 않은 해당 수령도 중한 책임을 물으며, 세워놓은 비석은 묻어버리게 하여야겠습니다."

"비석 세우는 것을 금한 것은 조정의 명령이 있었는데, 법이 오래되고 해이해졌으니 진실로 해괴한 일이다. 도신에게 금단하라고 신칙하라."

포항의 경우

실제로 포항에서 발견된 선정비들도 조선 초기에 건립된 것은 없고 모두 조선 후기에 세워졌는데, 특히 정조가 별세한 뒤 순조 시대인 1800년 이후에 세워진 것이 압도적으로 많았다. 현재 포항에 있는 선정비 중에 설립연도가 확인되는 것은 82기인데, 이를 시대별로 집계하면 다음 표와 같다.

이 표에 의하면, 1800년 이후에 세워진 것이 90%를 넘는다. 조선 말기의 지방관이 이전에 비해 현저히 유능하고 청렴했다는 증거가 없는 한, 선정비가 많다는 것이 도리어 선정이 적었다는 증거가 되는 모순에 빠지게 되었다. 이처럼 선정비를 세우는 것이 큰 민폐가 되는 일이었기 때문에, 조정에서 선정비를 금지하는 명령을 자주 내리게 되었다.

금지령을 내릴 때는, 이미 설립된 선정비를 매몰하도록 지시하는 것이 관례였다. 이에 따라, 포항 지역의 선정비 중에서도 매몰된 것이 적지 않았을 것으로 보인다. 다만, 이 지역은 서울에서 멀고 변방의 특수성이 있어서 모든 금령이 온전히 수행되지 않았을 가능성도 있다.

왕력	태조~선	광인	효현	숙경	영정	순헌	철고순	미상
연도	~1608	~1649	~1674	~1724	~1800	~1849	~1910	
흥해군수		1		2	1	6	10	
청하현감	1				3	1	6	2
연일현감		1		1	2	5	8	
장기현감						4	6	
경주부윤				1	2		6	
경상감사					1	4	8	1
기타 :관원							2	2
계	1	2	0	4	9	20	46	5
비율/82	1.2%	2.4%	0	4.8%	10.9%	24.4%	56.1%	

이와는 별도로, 다른 이유로 선정비가 훼손된 경우도 많았다. 실제로는 선정이 없었던 수령인데 관례나 강요에 의해 수립했던 비석이면, 나중에 민간에서 훼손한 경우도 있었을 것으로 보인다. 포항의 경우에도 선정비에서 의도적으로 백성이 자기 이름을 파낸 흔적이 있고, 그 외에도 의도적 훼손으로 보이는 흔적이 가끔 발견되곤 한다.

그 외에 시간의 경과와 역사적 경험에 의해 훼손된 경우도 많다. 바닷가의 사암(砂巖)으로 제작된 비석은 마모가 심한 것이 대부분이며, 화강암도 재질이 단단하지 않은 것은 마모된 경우가 있다. 또한 6·25 전쟁 시기에 격전이 벌어졌던 곳에서는 비면에서 탄흔이 발견되기도 하고, 민간의 습속에 따라 비석을 갈거나 구멍을 판 흔적도 자주 발견된다.

3. 선정비에 대한 사전 공부

　　선정비를 포함하여, 조선시대에 세워진 비석들이 쉽사리 읽히지 않는 것은 일단, 문자가 한자(漢字)이기 때문이다. 한자는 낯선 사람에게 수줍어하는 문자이다. 그래서 일단 어렵다는 느낌이 들게 한다. 그러나 알고 보면 착하고 순진한데, 하여튼 이 글의 주제는 아니다. 한자를 통과해도 선정비는 잘 이해되지 않는다. 특별한 용어들이 많이 쓰였기 때문이다. 여기서, 선정비에 자주 쓰이는 단어들을 안내한다. 이미 알고 있거나 별로 어렵지 않겠지만 모르면 불편한 개념들이 좀 있다.

관직과 호칭

1 흥해 군수(興海郡守)

　　『경국대전(經國大典)』 이전(吏典) 외관직(外官職) 경상도(慶尙道) 편에는 종4품 군수가 14원이 있다. 그 중에 한 자리가 흥해였다. 흥해는 조선시대 내내 군수 부임지였다. 임기는 대체로 2년이었으며, 경우에 따라 연임하거나 임기 내에 교체되기도 했다. 『포항시사』에 의하면 조선시대에 흥해 군수로 234명이 부임했다. 흥해 군수는 평시에 경주진관 병마동첨절제사(慶州鎭管兵馬同僉節制使)를 예겸하였다. 흥해의 별칭으로 곡강(曲江)을 쓰기도 했으므로 흥해 군수를 '곡강 군수' 또는 '곡강 원님[曲江倅]'이라고 부르기도 했다.

② 행 흥해 군수(行興海郡守)

행수법(行守法)에 따른 호칭이다. 원래는 관직자가 승진하고도 그 직책을 계속 수행할 때에, 그 직함 앞에 행(行)을 표시하는 것이었는데, 직급과 직책의 관등이 다를 경우에 모두 쓰였다. 직급이 높고 직책이 낮을 경우에 행(行)을 쓰고 직급이 낮고 직책이 높을 경우에 수(守)를 썼다. 예를 들어 흥해군수는 종4품직인데, 정4품 이상의 직급자가 부임하거나 종4품이 임기중에 상위 직급으로 승진하면 '행 흥해군수'라고 했다. 다른 관직도 같다.

③ 청하 현감(清河縣監), 청하 군수(清河郡守)

『경국대전』 경상도 편에는 종6품 현감이 34원이 있다. 『포항시사』에는 청하현감으로 202명이 부임했다고 나와 있다. 청하 영일 장기 현감은 평시에 경주진관 병마절제도위(慶州鎭管兵馬節制都尉)를 예겸하였다. 청하현에는 송라(松羅) 찰방도가 위치하고 있었으며 송라도 찰방(察訪-휘하 驛丞)이 청하현청 가까이에서 근무했다.

1896년 군현을 모두 군(郡)으로 개칭할 때 청하현도 청하군이 되어 관리의 직함도 청하 군수로 바뀌었다.

❹ 연일 현감(延日縣監), 영일 현감(迎日縣監), 연일 군수(延日郡守)

『경국대전』경상도 편에는 지명이 '영일'로 되어 있다. 그러나 동시대에도 섞어 쓸 정도로 특별한 구별이 없이 '연일'과 '영일'이 혼용되었다. 연일 현감으로는 종6품관이 부임했다. 『포항시사』에는 199명의 현감 명단이 있으며, 1896년에 연일 군수로 개칭되었다.

❺ 장기 현감(長鬐縣監), 장기 군수(長鬐郡守)

장기 현감으로는 종6품관이 부임했다. 『경국대전』이전 제수(除授) 편에 "바닷가 지역의 수령은 병조와 상의하여 직을 준다."라고 규정되어 있어서, 외관직 중에서 해변을 지키는 곳에는 무관이 보임되는 경우도 많았다. 『포항시사』에는 235명의 현감 명단이 있으며, 1896년 장기 군수로 개칭되었다.

❻ 경주 부윤(慶州府尹)

종2품관이다. 『경국대전』에는 부윤으로 전국에 '경주 부윤'과 '전주 부윤'만이 적시되어 있다. 경상도 관찰사와 같은 직급이며 정3품 대도호부사보다 상위직이다. 포항지역은 전체적으로 경주 부윤의 진관(鎭管)지역이었으며, 특히 기계, 신광, 죽장은 경주부 영현(領縣)이어서 따로 현감이 부임하지 않고 부윤의 관할을 받았다. 경주부윤의 관할지역이 넓었고 담당 업무가 많았기 때문에 포항지역의 영현에서 경주부윤이 행한 특별한 치적은 잘 보이지 않고, 해안 방어와 관련된 보고가 가끔 나타나고 있었다.

경주가 동도(東都) 또는 동경(東京)으로 불리기도 했기 때문에 경주 부윤의 이칭으로 '동도윤(東都尹)', '동경윤(東京尹)' 등이 쓰였다.

7 경상도 관찰사(慶尙道觀察使)

종2품관이다. 조선 전기에는 경상도 전역을 관할했으며, 후기에는 경상우도와 경상좌도로 나뉘었다가 말기에 경상북도와 경상남도로 나뉘었다. 대체로 진관과 도호부를 통해 지역을 관찰했으며, 직접 지역에 순행하여 민정을 돌보기도 했다. 포항지역에서 관찰사가 행한 치적의 대부분은 해안 방어와 관련된 일이었으며, 민생에 관심을 두고 살피는 일도 있었다.

관찰사에 대한 이칭으로 방백(方伯)이 쓰였으므로, 경상도 관찰사는 영남방백(嶺南方伯)을 줄여서 '영백(嶺伯)'이라고 쓴 예가 많다.

8 병마우후(兵馬虞候)

종2품 병마절도사(兵馬節度使)를 보좌하는 종3품 외직 무관이다. 『경국대전』 병전 외관직 경상도 편에는 병마우후(兵馬虞候)가 좌우 2원이 있다. 평안도와 함경도에는 정3품으로 보임했다.

9 영장(營將)

각 진영의 장관(將官)인 무관직이다. 진관 진영의 등급에 따라 직급이 다를 수 있었으며, 목민관이라기보다는 군관으로서의 임무를 가지고 있었다.

10 목관(牧官)

사복시(司僕寺)에 속한 외관직이다. 사복시는 원래 궁내의 말과 관련된 일을 맡았으나, 군마(軍馬)를 육성하는 목장을 관리하기 위해 외관을 임명했다. 각 목장에는 종6품 감목관(監牧官)의 관리

아래에 군두(群頭) 군부(群副) 목자(牧子) 등을 두고 말을 관리했다. 각 목장에서는 말이 구역을 벗어나지 못하게 돌이나 나무로 성채를 두르고 그 안에서 말을 길렀는데, 포항에는 장기 목장성이 있었다. 장기 목장은 울산에 있던 남목(南牧)의 관할에 있었으며, 장기 현감이 감목관을 겸하기도 했다.

🔟 성명(姓名)

고전 시대에 사람의 성명을 표기하는 방법은, '성-칭-명'의 순을 따랐다. 현대 어법으로 '퇴계 이황'인 경우 '이 퇴계 황'이라고 쓰며, '권율 도원수'는 '권 도원수 율'로 쓰고, '충무공 이순신'은 '이 충무공 순신'이라고 썼다. 개인에 대한 존칭인 '공(公)'의 경우에도 마찬가지로, '박문수 공'은 '박공 문수'라고 썼다.

🔢 후(侯)

원래는 중국의 봉건 제후(諸侯)를 뜻하는 말이었다. 우리나라에서는 봉건제도를 쓰지 않았기 때문에 지역을 분할 통치하는 봉건제후는 없었고, 중앙에서 임명되어 부임한 지방관을 가리켜 후(侯)라고 부르기도 했다. 다만, 우리말에는 '후'를 뜻하는 말이 없었고, 한자어로 '사군(使君)' 또는 '사또[使道]'라고 하거나 고유어로 '원(님)'이라고 부르는 것이 일반적이었다.

🔢 쉬(倅)

한자의 원음은 1백 명의 사람을 뜻하는 '졸(倅)'이다. 그러나 우리나라에서만 쓰는 관용어로는 '쉬(倅)'라고 읽히며, 뜻은 '원님'이다.

▣ 상공(相公), 상국(相國)

상(相)은 왕을 보좌하는 '정승'을 뜻하는 단어이다. 그러므로 조선 관직으로 3정승 또는 동급자에 대해 썼던 호칭이다. 그러나 반드시 정승만이 아니라 2품관 이상에 해당하는 고위직에 대해 존칭으로 상(相)을 사용하기도 했다. 보통 벼슬이 높은 이에 대해 '공(公)'보다 존대하는 호칭으로 '상공(相公)'을 썼고, 다른 표현으로 '상국(相國)'을 쓰기도 했다.

비석

① 선정비(善政碑)

말뜻 그대로는 '선한 정사를 기념하는 비석'이다. 지방에 부임한 수령이나 파견된 관리가 착한 정사를 베풀어 백성에게 은혜를 끼쳤을 때 해당 지역민이 세우는 비석이다. 수령의 정사를 기념하는 다른 이름의 비석들을 통칭하는 이름이기도 하다. 유사한 이름으로, 어진 정사를 기념한다는 '인정비(仁政碑)', 덕 있는 정사를 기념한다는 '덕정비(德政碑)', 은혜로운 정사를 기념한다는 '혜정비(惠政碑)' 등으로 약간씩 변용되었다.

② 거사비(去思碑)

'떠난 뒤에 사모하는 비석'이라는 뜻이다. 조선 시대의 경우 지방관의 임기가 2년이었는데, 대부분 1회 임기로 이임하였다. 이임한 수령의 선정을 지방민이 기억하고 사모하는 마음을 표현하기 위해 세운 비석이 거사비이다. 유사한 이름으로, 사랑을 남기고 떠났다는 '유애비(遺愛碑)', 영원히 사모하겠다는 '영사비(永思碑)' 등이 있다.

③ 불망비(不忘碑)

'잊지 않으리라'는 뜻을 가진 비석이다. 수령의 덕에 감사하며 그 은혜를 잊지 않겠다는 뜻인데 조금씩 과장되어, 영원히 잊지 않겠다는 '영세불망비(永世不忘碑)', 만년 동안 잊지 않겠다는 '만세불망비(萬歲不忘碑)', 만고에 잊지 않겠다는 '만고불망비(萬古不忘碑)' 등이 나타나곤 했다.

④ 기적비(紀績碑)

'사적을 기념하는 비석'이라는 뜻이다. 수령이 부임하여 지방을 위해 구체적인 치적을 쌓았을 때, 지방민들이 그를 기념하여 세우는 비석이다. 이 지역의 경우, 제방을 쌓은 치적이 가장 많으며, 환곡의 출납이나 어민의 고통을 줄여주는 등의 구체적 사적을 새긴 경우도 있다. 폐단을 바로잡았음을 기념하는 '교구비(矯捄碑)', 백성의 고통을 긍휼히 보살핀 '휼민비(恤民碑)', 흉년에 진휼정사를 잘 했다는 '선진비(善賑碑)', 요역을 줄여 주었다는 '견역비(蠲役碑)' 등이 이에 해당한다.

⑤ 비신(碑身)

비석의 몸돌이다. 대체로 받침돌의 위에 세워지고 덮개돌로 보호되는 부분이다. 전통적인 비신은 직사각 기둥의 모습을 하고 있는데, 화강암을 넓고 얇은 판형으로 가공하여 쓰는 것이 일반적이었다. 덮개돌이 없는 경우도 있는데, 이때에는 윗부분의 모서리를 깎은 규형(圭形)이나 둥글게 깎은 갈형(碣形)으로 세웠다. 비신에는 앞면에 비석의 제목을 쓰고 뒷면에 비석의 내용을 쓰는 것이 일반적이다. 그러나 경우에 따라 비신의 앞면부터 내용을 기록하기도 하고, 옆면까지 내용이 수록되기도 한다. 선정비의 경우에는 앞면에 대상 수령의 성과 직함을 쓰고 앞면이나 뒷면에 그를 칭송하는 4언 한시 형식의 글을 수록하는 것이 일반적이다.

⑥ 비좌(碑座)

비신의 받침돌로, 비대(碑臺) 또는 대좌(臺座)라고도 부른다. 비석을 세울 때 땅이 잘 다져지지 않았거나 세울 곳에 경사가 있으면 비석이 기울어질 염려가 있으므로 수평을 유지하기 위해 받침을 두었다. 비좌는 또한 비석의 위엄을 높이는 기능도 가지고 있었다. 기본적으로는 직사각형의 돌인 방형대좌(方形臺座)에 비신을 세울 구멍을 파고 비신을 꽂는 방식으로 세웠다. 좀 더 장식을 더하여 위엄을 높이는 경우에는 비좌에 연화문(蓮花紋) 등의 무늬를 넣거나 비좌 자체를 조각하기도 했는데, 비좌를 거북 형태로 조각한 것을 귀부(龜趺)라고 부른다. 원래 귀부의 머리는 귀두(龜頭)였는데, 후대에는 용두(龍頭)로 바뀌어 장식기능을 더하기도 했다. 선정비에는 대체로 방형 비좌가 많았고 귀부 형식도 있었지만 다수가 결실되었고, 나중에 시멘트로 기단을 만들어 세운 경우도 많다.

7 비개(碑蓋)

비신을 덮은 지붕 부분을 가리키는 말로, 가첨석(加檐石)이라고도 부른다. 단갈형(短碣形)의 비석에는 지붕이 없었는데, 차츰 비신을 보호하고 권위를 높이기 위해 비개를 사용하는 예가 많아졌다. 비개의 모양은 다양하다. 네모난 뚜껑돌을 쓴 방형(方形)과 기와집 모양의 옥개형(屋蓋形), 운문(雲紋) 연화문(蓮花紋) 용문(龍紋) 등을 새긴 원당형(圓幢形) 비개가 자주 보이는 경우이다. 특히 용을 새긴 비개를 가리켜 이수(螭首)라고 부른다. 선정비도 비신을 포함하여 하나의 돌에 새긴 통단 비개는 거의 함께 보존되어 있으나 비신과 별도의 돌을 사용한 별석 비개는 결실된 것이 많다.

8 비각(碑閣)

비석을 보호하기 위해 지은 집이다. 무덤 앞의 묘전비(墓前碑)나 서원 뜰의 묘정비(廟庭碑) 등을 제외한 고립된 비석들은 설립 당시에 비각을 가진 경우가 많았다. 그러나 시간이 지나면서 거의 다 없어지고 대부분 비석만이 남아 있다. 비각은 대체로 작은 기와집 모양을 하고 있으며, 벽면은 대체로 벽체가 없이 기둥을 세우고 하단 장방에 살문을 달고 팔작지붕을 씌웠다. 선정비를 세울 때도 비각을 세웠는데 현재는 거의 남아 있지 않고, 포항지역에는 전혀 남아 있지 않다.

9 감실(龕室)

국가적 존엄 또는 종교나 조상숭배 등에서 대상을 보호하기 위해 지은 작은 방이다. 대체로는 종교적 건물이나 전각이나 묘우 등의 건물 안에 다시 작은 감실을 지어 불상이나 위패 등을 보호하였다. 건물을 짓지 않은 경우, 가끔 불상이나 비석 중에서 절벽을 파고 그 안에 새기는 경우도 감실형 불상 또는 비석이라고 했다. 선정비 중에서 감실형 선정비는 자연 암벽에 새기기도 하고, 큰 바위를 옮겨서 비면을 파고 거기에 비문을 새기기도 했다. 불상 등의 조각품일 경우 깊게 파거나 심지어 동굴형으로 조각하기도 했지만, 비석을 새긴 경우에는 그리 깊지 않은 감실을 파고 조각하는 것이 일반적이었다. 비석의 몸돌을 옮기지 않고 절벽에 바로 새기는 경우에는 따로 마애비(磨崖碑)라고 부르기도 한다.

⑩ 좌목(座目)

원뜻은 '앉을 자리의 차례를 적은 인명록'이라는 뜻으로, 현대어로는 '참여자 명단(名單)'이라고 할 수 있는 인명록이다. 사업이나 행사가 있을 경우, 거기 참여한 사람들을 일정한 순서에 따라 열거하고 신분이나 임무를 기록하는 것이 관례였다. 조정에서는 공식적으로 왕을 모신 자리에 참여한 관료들의 직책과 명단으로 작성되었는데, 지방에서 선정비를 세울 때에도 직책과 명단을 밝히는 것이 관례였다.

감관(監官) : 사업을 감독하는 관리
도감(都監) : 사업을 추진하는 책임자
감역(監役), 감동(監董) : 노역을 감독하고 격려하는 관리자
면장(面長), 면임(面任) : 지역의 면(面) 단위 책임자
수창(首倡), 수창(首刱) : 이 사업을 앞장서서 주도한 사람

두민(頭民), 두인(頭人) : 지역민 중에서 지도자

찬자(撰者), 서자(書者) : 글을 지은 사람과 글씨를 쓴 사람

정사

1 환곡(還穀)

왕조시대에, 정부가 전쟁과 기근에 대비해 비축한 곡물을 창고에 보관했다가, 흉년이 들면 백성에게 나누어주고 가을에 갚도록 한 제도이다. 중앙과 각 지방에 창(倉)을 세우고 기근이 든 지방민을 형편에 따라 환곡을 내어 구제하는 것이 정부와 지방관의 중요한 임무였다. 이자는 감소분과 필요경비만 받도록 했다. 그러나 조선 후기에는 환곡의 이자 일부를 호조에 들이게 함으로써 환곡이 국가 재정의 일부가 되고, 국가가 환곡에 개입함으로써 구휼 목적보다 재정 목적의 환곡 정책이 실시되었다. 대동법과 균역법이 시행되면서 정부의 재정압박이 심해지자, 풍년에도 강제로 환곡을 배정하고 이자를 징수하는 폐단이 생겼으며 흉년에는 비축된 환곡이 부족하여 기근이 심화되는 폐해도 있었다. 더욱이 지방의 관리들이 이익을 횡령하는 경우도 많았고, 명분이 없는 가산금을 부과하여 국민에게 큰 민폐가 되었다.

환곡을 가리키는 '조적(糶糴)'이라는 말은, 환곡을 내어주는 일[糶]과 환곡을 거두어 들이는 일[糴]을 합친 말이다.

② 진휼(賑恤)

흉년이나 재난이 들어 백성이 기근에 빠졌을 때, 국가가 구제하던 제도이다. 조선 시대에는 이 일을 맡은 관청으로 진휼청(賑恤廳)을 따로 두고 홀아비 과부 고아 독거노인인 '환과고독(鰥寡孤獨)'을 우선하여 먹을 것을 주고 부역을 면제하였다. 각 지방관들은 굶거나 추위에 떠는 백성이 있으면 음식과 옷과 짚을 공급하여 죽지 않도록 할 책임이 있었다. 그러다가도 동사자나 아사자가 발생하면 수령에게 죄를 물었다. 그러나 조선 후기에는, 흉년이 들어 진휼이 시행되어도 지방관들이 공정하게 진휼하지 않아서 넉넉한 사람이 혜택을 받고 가난한 사람에게 혜택이 미치지 못하는 폐단도 있었다.

③ 세공(歲貢)

해마다 지방관이 왕에게 인재나 보배나 특산물을 바치던 일이다. 진상(進上)이라고도 하고 그 물품을 진상품(進上品)이라고 했다. 중국에서는 제후가 황제에게 드리는 예물을 일반적으로 세공이라고 했고, 우리나라도 처음에는 지방의 인재를 성균관에 추천하는 것까지 세공이라고 하였으나, 나중에는 특산물을 바치는 것으로 의미가 축소되었다. 조선 시대에는 법제적으로 세공물인 상공(常貢)이 정해져 있었으나, 공납 과정에서 가용(加用) 유재(遺在) 복정(卜定) 등이 발생하고 물품과 비용이 과다하게 책정되어 민생을 어렵게 하였다. 이를 혁파하기 위해 대동법(大同法)을 시행하여 모든 공납비용을 쌀로 납부하게 하였다. 더욱이 서울의 관리들과 상인들이 지방의 공물에 흠을 잡고 자기들이 준비한 물품을 비싸게 사서 바치게 하는 방납(防納)의 폐해가 심하여 큰 민폐가 되었다.

4 산원(山怨)

산중에 사는 백성들의 원통한 사정을 가리킨다. 조선 후기에 관리들의 수탈이 심해지면서 백성이 감당하지 못할 만큼의 의무가 부과되었다. 공물과 군포를 제때 내지 못하거나 환곡의 이자를 갚지 못하는 백성들은 도망민이 되어 산중으로 숨었다. 도망한 이들은 국민으로서의 권리와 보호에서 제외되었다. 이들의 의무는 친척에 의해 족징(族徵)되거나 이웃에게 인징(隣徵)으로 가중되었다. 이들이 다시 유민(流民)이 되어 문제가 악화되었다. 조정에서는 유랑하는 백성의 사정을 감안하여 의무를 탕감하고 생업에 복귀시키려는 노력을 하였다.

5 해폐(海弊)

어업에 대한 정책적 실수로 어민이 고통에 빠진 것이다. 정조 7년 암행어사의 보고가 이 사정을 말하고 있다.

"해폐(海弊)에 대해서는, '균역 이전에는 포구의 가호와 어민이 모두 관가의 소관이고, 어선과 어살은 또한 해읍(該邑)에서 수용(需用)하는 것이었기에 경오년 이전에는 해안의 마을들이 부유하고 왕성했는데, 균역 이후에는 전부 경사(京司)에 속하게 되었기 때문에 수령인 사람들이 자못 망전(忘筌)한 듯하여, 어선이 한 번 부수어지면 다시 만들지 못하고 있고 어살이 한 번 망가지면 다시 수리하지 못하고 있습니다. 만일에 시급히 변통하지 않는다면 10년이 되지 못하여 장차 어호(漁戸)가 없어지게 될 것이니, 균역 이전의 법대로 본읍에 속하게 하고, 균역청의 납세도 반드시 일정한 액수를 정하고 파선(破船)과 패전(敗箭)도 관에서 완전해지도록 조력하여 해호(海戸)도 생업을 보존하게 되고 균역청의 세도 줄어듦이 없게 해야 한다.'고 했습니다."

세금 이외에 공물의 폐해도 심각하였다. 지리지(地理誌)와 승람(勝覽) 류에 따르면 흥해에서는 해마다 토산물로 '명주 목면 모시 포 삼베 쌀 보리 콩 녹두 참깨 꿀 참기름 들기름'을 바쳐야 했으며, 어민들은 어물로, '전복 대구 청어 홍합 광어 방어 상어 고등어 김 해삼 미역 우모 세모 홍어 송어 은어' 등을 바쳐야 했다. 다른 현에서도 유사하거나 더 많은 공물을 바쳐야 했다.

6 포류(浦謬)

갯가와 나루에 가해지던 잘못된 규정과 조치라는 뜻이다. 연일 중명리 부조나루에는 동해안에서 가장 큰 장터가 있었다. 일정한 장소에 시장을 열고 닫는 것은 관가의 관할사항이었으며, 장사하는 데에도 세금을 부과하여 큰 민폐가 있었다. 이를 시폐(市弊)라고 하고, 심지어 다른 시장과의 이해충돌로 시장을 옮기거나 폐쇄하는 경우도 있었다. 실제로 부조시장은 1871년 폐지되었다가 1878년에 복설되었던 기록이 있다.

7 교구(矯抹)

잘못된 것을 바로잡는 일이다.

8 전령(傳令)

상급자가 하급자에게 명령하는 일이다. 지방관이 백성에게 명령할 때에는 붉은 도장이 찍힌 전령문을 발급하였으므로 이를 주첩(朱帖)이라고도 했다.

⑨ 완문(完文)

관(官)에서 증명 허가 명령 등의 처분에 관하여 발급하는 공문서이다. 수취하는 단체 향교와 서원 개인 등에게 어떤 사실을 알게 하거나 권리 등의 특전을 부여하기 위하여 발급할 수 있다. 재산의 상속이나 매매 등의 이해관계가 있는 경우에도 완문을 발급하여 확정하였다. 처분과정을 밝히거나 개인 또는 단체의 약속을 확인하는 경우에는 완의(完議)라고 하였다.

⑩ 제음(題音)

백성의 요청에 대해 지방관이 응답하는 문서이다. 제사(題辭) 또는 뎨김[題音]이라고도 불렀다. 백성은 소지(所志) 소장(訴狀) 원서(願書) 등으로 관청의 결정을 구할 수 있고, 이에 대해 관청에서는 제음을 내어 법적인 결정을 통고하였다.

임면

① 제수(除授)

조선 시대에는 원칙적으로 관원을 임용할 때 삼망(三望)이라고 하여 세 사람을 추천받아서 그 중의 한 사람을 서경(署經)을 거쳐 임명하도록 되어 있었다. 그러나 사정에 의해 이런 절차를 생략하고 왕명으로 직접 임명하는 것을 제수(除授)라고 했다.

2 단부(單付)

어떤 직책에 관원을 임명하기 위해 한 사람만 추천받는 경우이다. 이를 단망(單望)이라 하고, 이렇게 임명된 관원의 경우에는 피임명자 자신에게만 고신(告身)을 주고 조상에 대해 추증을 허락하지 않았다.

3 윤허(允許)

왕이 신하의 요청을 허락하는 것이다. 판하(判下) 또는 판부(判付)라고도 했다. 문장으로 요청할 때의 응답을 비답(批答)이라 하고, 비답을 내리는 것을 하비(下批)라고 했다. 내용에 따라 문장으로 하비할 때도 있지만, 관용어로 하비할 때는 '윤허하지 않는다[不允]' '알았다[知道]' '윤허한다[允]' '그렇게 하라[依允]' 등을 써 주었다.

4 대죄(待罪)

죄를 지어서 처벌을 기다리는 것이다. 지방관이 사소한 잘못을 범했을 때, 즉시 체포하거나 소환하는 것이 긴급하지 않으면 후임자가 정해질 때까지 임무를 수행하기도 했다. 이때에도 대죄한다는 표현을 썼다. 실제로 왕조 시대에는 모든 관직자가 왕의 처분을 기다리는 관계였으므로 항상 대죄하는 상태라고 쓰기도 했다. 또한 관직자가 겸손한 표현으로, 자신의 무능으로 인해 항상 죄를 지은 상태라 하여 '모모 직책에서 대죄하고 있다'고 쓰기도 했다.

⑤ 차정(差定)

뽑아서 임명한다는 뜻이다. 자리가 빈 관직에 적합한 후보자가 있을 때 그를 차출하여 직임자로 정한다는 의미를 가지고 있다. 명령을 내린다는 뜻으로는 차하(差下)라고도 한다. 왕이 임명하는 경우에는 고신(告身)을 주고, 지방관이 하급자를 임명할 때에는 차첩(差帖)을 발행하였다.

⑥ 개차(改差)

차정한 관리를 그대로 임명하지 못할 사정이 있을 경우에 다른 사람으로 임명한다는 뜻이다.

⑦ 체직(遞職)

관직자를 바꾸는 일이다. 임기가 차는 것을 과만(瓜滿)이라고 하는데, 과만이 된 경우에는 체직이라고 쓰지 않았고, 임기 중에 사정이 있어서 면직하고 다른 사람을 임명하는 경우를 체직이라고 했다. 대체로는 부모의 질병이나 본인의 노쇠 또는 질병으로 체직을 청했지만, 경우에 따라 문책성으로 체직하는 경우도 있었다.

⑧ 포폄(褒貶)

원래는 칭송과 비방이라는 뜻이다. 어떤 일이 끝났거나 어떤 사람이 죽은 뒤에 그에 대해 평가하는 경우에 쓰는 말이다. 조선시대에는 지방관의 업무성적을 평가하여 그에 상응하는 상벌을 시행하는 것을 포폄이라 했다. 정기적인 평가는 매년 6월과 12월에 행해졌다. 경관(京官)은 소속 관서의 제조 및 당상관이, 외관(外官)은 관찰사와 절도사가 실적을 평가하여 매년 6월 15일과 12월 15일까지 보고서를 올리도록 하였다. 경관은 만 30일, 외관은 만 50일의 임기를 채워야 평가 대상이 되었다. 평가 내용은 4언 2구 정도로 서술하고 상중하(上中下)의 등급을 매겨서 보고하였다.

⑨ 전최(殿最)

관원에 대한 정기적인 평가인 포폄에서 가장 우수한 등급을 최(最)라 하고 가장 열등한 등급을 전(殿)이라 하였는데, 나중에는 포폄 자체를 전최라 부르기도 했다.

4. 포항지역 선정비의 위치와 목록

선정비의 위치

1 옛 흥해군

• 포항시 북구 흥해읍 성내리 39-8 영일민속박물관

　金履載 趙康夏 金世鎬 李根弼 李尙說 趙羲完 金熙國 李得江 權顥 尹滋翊

　池弘寬 池弘寬 池弘寬 朴齊範 南萬里 具鳳瑞

　趙國彦(동편) 李箕鎭 閔致書 權虎秉 洪鎬(정면)

• 포항시 북구 흥해읍 마산리 517 청덕사

　金永綏 兪應煥 李應權 權顥 柳丞魯 李紀淵

• 포항시 남구 연일읍 학전리 194-3 국도다리 밑 : 李尙說

2 옛 청하현

• 포항시 북구 청하면 덕성리 276-3 청하행정복지센터

　金德鵬 李渚 李渚 李翼榮 李參鉉 李純謙 閔致憲 趙元植 李寅兢 盧世煥

• 포항시 북구 청하면 덕성리 190 청하향교

　盧世煥 任澤鎬 鍊武亭

• 포항시 북구 송라면 화진리 547 구 화진초등학교 정문 옆

　朴承顯

❸ 옛 연일현

- 포항시 남구 연일읍 괴정리 289-1 연일행정복지센터
  鄭澤源 李熙稷 徐憙淳 沈能勳 李翼鎬 金貞根 鄭基善

- 포항시 남구 연일읍 동문리 47-1 영일중고등학교
  閔琓 崔憲錫

- 포항시 남구 연일읍 중명리 838-4 중명리 마을회관 앞
  南順元 趙東勳

- 포항시 남구 대송면 남성리 465 남성재 앞
  安鍊石 李公吳公 申珹

- 포항시 남구 연일읍 우복리 366 아랫못둑
  李渭達

- 포항시 남구 오천읍 세계리 409-1 세계2리 마을회관
  李長煜

- 포항시 북구 득량동 52-2 철길숲 정자 앞
  金世鎬 尹滋承 曺錫雨 元禹常 李熙稷

- 포항시 남구 동해면 금광리 725 마을숲
  咸正禧

- 포항시 남구 동해면 흥환리 227 비각
  李最應 閔致億 金魯淵

❹ 옛 장기현

- 포항시 남구 장기면 읍내리 108 장기행정복지센터 길가
  朴萬淳 成華鎭 權載秉 李周赫 朴宗轍 李勉翁 崔聲遠 洪祐吉 徐憙淳
  成輔永 朴萬淳

- 포항시 남구 장기면 정천리 46-1 마을회관 앞

鄭崙永
- 포항시 남구 장기면 읍내리 124 읍성 아랫길
  성명미상 4인 1석

⑤ 옛 경주부

- 포항시 북구 신광면 토성리 340-3 신광행정복지센터
  趙耆永
- 포항시 북구 신광면 만석리 282 구 비학초등학교 뒷담
  閔致憲
- 포항시 북구 기계면 현내리 284 기계행정복지센터
  趙明鼎 閔泳稷
- 포항시 북구 죽장면 입암리 315 죽장행정복지센터
  閔致憲 閔泳稷
- 포항시 북구 죽장면 현내리 138 마을숲
  趙明鼎 權世恒 兪章煥
- 포항시 북구 죽장면 두마리 743-2 마을숲 맞은편
  徐必道

⑥ 목관

- 포항시 남구 동해면 흥환리 227 바닷가
  李最應 閔致億 金魯淵

행정구역별 선정비 목록

■ 옛 흥해군

• 1.1 흥해 군수

1.1.1 군수이공애민비(郡守李公愛民碑)

1.1.2 군수조공희완청덕비(郡守趙公羲完清德碑)

1.1.3 군수김공희국청덕선정비(郡守金公熙國清德善政碑)

1.1.4 군수이공득강북천수유적비(郡守李公得江北川藪遺蹟碑)

1.1.5 군수권공의청덕거사비(郡守權公顗清德去思碑)

1.1.6 군수윤공자익선정거사비(郡守尹公滋翊善政去思碑)

1.1.7 행군수지공홍관해폐교구선정비(行郡守池公弘寬海弊矯捄善政碑)

1.1.8 군수지공홍관청덕선정비(郡守池公弘寬清德善政碑)

1.1.9 군수지공홍관청덕거사비(郡守池公弘寬清德去思碑)

1.1.10 흥해군수박공제범혜정비(興海郡守朴公齊範惠政碑)

1.1.11 행군수남공만리해폐교구선정비(行郡守南公萬里海弊矯捄善政碑)

1.1.12 군수민공치서이역청교구비(郡守閔公致書吏役廳矯捄碑)

1.1.13 군수권공호병애민선정비(郡守權公虎秉愛民善政碑)

1.1.14 군수홍공청덕인정비(郡守洪公清德仁政碑)

1.1.15 흥해구제기적비(興海九堤記績碑)

　　　　군수김공구제기적비(郡守金公九堤記績碑)

1.1.16 군수유공응환선정거사비(郡守兪公膺煥善政去思碑)

1.1.17 군수이공응권선정비(郡守李公應權善政碑)

1.1.18 군수권공의이청무역혁파비(郡守權公顗吏廳貿易革罷碑)

1.1.19 행군수류공승로청덕불망비(行郡守柳公丞魯清德不忘碑)

1.1.20 군수이공애민선정비(郡守李公愛民善政碑)

- 1.2 관찰사 흥해

    1.2.1 관찰사김상공이재영세불망비(觀察使金相公履載永世不忘碑)

    1.2.2 관찰사조상국강하청덕선정비(觀察使趙相國康夏淸德善政碑)

    1.2.3 관찰사김상국세호선정비(觀察使金相國世鎬善政碑)

    1.2.4 관찰사이상국근필청덕불망비(觀察使李相國根弼淸德不忘碑)

    1.2.5 (관)찰사구공봉서유애거사비((觀)察使具公鳳瑞遺愛去思碑)

    1.2.6 관찰사이상공기진거사비(觀察使李相公箕鎭去思碑)

    1.2.7 관찰사이상국기연선정비(觀察使李相國紀淵善政碑)

- 1.3 감세관 흥해

    1.3.1 감세관조공국언휼민선진비(監稅官趙公國彦恤民善賑碑)

■2 옛 청하현

- 2.1 청하 현감

    2.1.1 현감김공덕붕선정비(縣監金公德鵬善政碑)

    2.1.2 현감이후성청덕애민선정비(縣監李侯渻淸德愛民善政碑)

    2.1.3 현감이공성청덕선정비(縣監李公渻淸德善政碑)

    2.1.4 현감이공익영거사비(縣監李公翼榮去思碑)

    2.1.5 현감이공순겸영세불망비(縣監李公純謙永世不忘碑)

    2.1.6 현감민후치헌시혜불망비(縣監閔侯致憲施惠不忘碑)

    2.1.7 현감조공원식영세불망비(縣監趙公元植永世不忘碑)

    2.1.8 군수이공인긍시혜불망비(郡守李公寅兢施惠不忘碑)

    2.1.9 현감노후세환흥학비(縣監盧侯世煥興學碑)

    2.1.10 현감노후세환흥학비(縣監盧侯世煥興學碑)

    2.1.11 현감임후택호열호재창건비(縣監任侯澤鎬悅乎齋創建碑)

2.1.12 현감박공승현영세불망비(縣監朴公承顯永世不忘碑)

- ## 2.2 청하 향교비
  2.2.1 ○○○○○연무정비(○○○○○鍊武亭碑)

- ## 2.3 관찰사 청하
  2.3.1 관찰사이상공삼현애민시혜비(觀察使李相公參鉉愛民施惠碑)

3 옛 연일현

- ## 3.1 연일 현감
  3.1.1 현감정공택원선정비(縣監鄭公澤源善政碑)

  3.1.2 현감이공희직청덕선정비(縣監李公熙稷清德善政碑)

  3.1.3 현감심공능훈영세불망비(縣監沈公能勳永世不忘碑)

  3.1.4 군수이공익호애민선정비(郡守李公翼鎬愛民善政碑)

  3.1.5 현감김공정근영세불망비(縣監金公貞根永世不忘碑)

  3.1.6 현감민공완청덕선정비(縣監閔公琓清德善政碑)

  3.1.7 현감최공희석청덕애민비(縣監崔公憙錫清德愛民碑)

  3.1.8 현감남공순원선정비(縣監南公順元善政碑)

  3.1.9 현감조공동훈복시선정비(縣監趙公東勳復市善政碑)

  3.1.10 현감안공연석거사비(縣監安公鍊石去思碑)

  3.1.11 현감이공추사비(縣監李公追思碑) 현감오공거사비(縣監吳公去思碑)

  3.1.12 현감신후무애민선정비(縣監申侯珷愛民善政碑)

  3.1.13 현감이공위달거사비(縣監李公渭達去思碑)

  3.1.14 현감이후장욱영사비(縣監李侯長煜永思碑)

  3.1.15 현감원공우상청덕선정비(縣監元公禹常清德善政碑)

3.1.16 현감이공희직영세불망비(縣監李公熙稷永世不忘碑)

3.1.17 행현감함공휘정희영세불망비(行縣監咸公諱正禧永世不忘碑)

• 3.2 관찰사 연일

3.2.1 관찰사서상공희순영세불망비(觀察使徐相公憙淳永世不忘碑)

3.2.2 관찰사정상공기선영세불망비(觀察使鄭相公基善永世不忘碑)

3.2.3 관찰사김공세호영세불망(비)(觀察使金公世鎬永世不忘(碑))

3.2.4 관찰사윤상국자승영세불망비(觀察使尹相國滋承永世不忘碑)

3.2.5 관찰사조상국석우영세불망비(觀察使曺相國錫雨永世不忘碑)

4 옛 장기현

• 4.1 장기 현감

4.1.1 현감박후만순전민선정비(縣監朴侯萬淳奠民善政碑)

4.1.2 현감성후화진거사비(縣監成侯華鎭去思碑)

4.1.3 현감권후재병거사(비)(縣監權侯載秉去思(碑))

4.1.4 현감이공주혁영세불망비(縣監李公周赫永世不忘碑)

4.1.5 현감박후종철전민선정비(縣監朴侯宗□奠民善政碑)

4.1.6 현감이후면흡애민선정비(縣監李侯勉翕愛民善政碑)

4.1.7 현감최공성원영세불망비(縣監崔公聲遠永世不忘碑)

4.1.8 (현감성후)보영거사비((縣監成侯)輔永去思碑)

4.1.9 (현감박후만)순청덕선정비((縣監朴侯萬)淳淸德善政碑)

4.1.10 군수정후윤영애민견역(비)(郡守鄭侯崙永愛民蠲役(碑))

4.1.11 성명미상 4인

• 4.2 관찰사 장기

　4.2.1 관찰사홍공우길영세불망비(觀察使洪公祐吉永世不忘碑)

　4.2.2 관찰사서상공희순영세불망비(觀察使徐相公憙淳永世不忘碑)

5 옛 경주부

• 5.1 옛 신광현

　5.1.1 부윤조상공기영애민선정비(府尹趙相公耆永愛民善政碑)

　5.1.2 부윤민상공치헌선정비(府尹閔相公致憲善政碑)

• 5.2 옛 기계현

　5.2.1 부윤조상공명정영세불망비(府尹趙相公明鼎永世不忘碑)

　5.2.2 부윤민상공영직선정비(府尹閔相公泳稷善政碑)

• 5.3 옛 죽장현

　5.3.1 부윤민상공치헌영세불망비(府尹閔相公致憲永世不忘碑)

　5.3.2 부윤민상공영직청덕불망비(府尹閔相公泳稷淸德不忘碑)

　5.3.3 부윤조상공영세불망비(府尹趙相公永世不忘碑)

　5.3.4 부윤권상공만고불망비(府尹權相公萬古不忘碑)

　5.3.5 부윤유상공장환애민선정비(府尹兪相公章煥愛民善政碑)

• 5.4 인동부사

　5.4.1 대구거인동부사서필도불망비(大邱居仁同府使徐必道不忘碑)

⑥ 목관

• 6.1 옛 장기목장

6.1.1 일제조흥인군이영상공최응영세불망비

(一提調興寅君李領相公最應永世不忘碑)

6.1.2 감목관민공치(억영)세불(망비)(監牧官閔公致(億永)世不(忘碑))

6.1.3 울목김부찰노연영세불망(비)(蔚牧金副察魯淵永世不忘(碑))

제2장

선정비 읽기

1. 옛 흥해군

1.1.1 흥해군수 이상열 선정비(1)

郡守李公愛民碑

康熙丙戌 正月

公諱尙說字汝雨完山人也甲申夏來莅乙酉冬遞歸
而一年之內政化及民新築兩堤齊民懷之立玆石

주소 : 경상북도 포항시 북구 흥해읍 한동로 51
지번 : 경상북도 포항시 북구 흥해읍 성내리 39-8
위치 : 영일민속박물관 동편
높이×넓이×두께 : 138.5×50×17.5cm
비좌 : 신설 / 비개 : 결실 / 기타 : 마모 심함

[문면 해석]

郡守李公愛民碑 군수 이공 애민비

公諱尙說 字汝雨 完山人也 甲申夏來莅 乙酉冬遞歸 而一
年之內 政化及民 新築兩堤 齊民懷之 立玆石

공의 휘는 상열이고 자는 여우이며 완산인이다. 갑신년 여름에 부임하여 와
서 을유년 겨울에 벼슬이 갈려서 가셨다. 그러나 1년 이내에 정사와 교화가 백
성에게 미쳤으며 두 개의 제방을 수축하였으므로 모든 백성들이 그 은혜를 가

슴에 품고 이 돌을 세운다.

康熙丙戌 正月 강희 병술년(1706) 정월

이상열(李尙說, 1660~1732)

조선 후기의 문신이다. 본관은 전주이고 광평대군(廣平大君)의 9대손이며 증 좌승지 이동환(李東桓)의 아들로 자는 여우(汝雨)이다. 진사시에 합격하고 1691년(숙종 17) 알성문과에 급제하여 여러 청환직을 거쳐 사헌부 장령·세자시강원 필선과 승정원 주서를 역임하였다. 1704년에 흥해 군수로 부임하여 1706년까지 재임하고 내직으로 옮겼다.

[행적]

· 『승정원일기』 숙종 27년(1701) 1월 26일
  이상열을 예조 좌랑으로 삼았다.
· 『승정원일기』 숙종 30년(1704) 4월 22일
  이상열을 흥해 군수(興海郡守)로 삼았다.
· 『승정원일기』 숙종 32년(1706) 11월 19일
  이상열을 사예(司藝)로 삼았다.
· 『승정원일기』 영조 3년(1727) 9월 9일)
  "승문원 판교 이상열(李尙說)의 정장(呈狀)에 '평소 담화(痰火)를 앓았는데 풍증(風症)으로 바뀌어 팔다리를 움직일 수 없어 자리에 눕게 되었으니 직무를 수행할 가망이 전혀 없습니다.'라고 하였습니다. 개차하는 것이 어떻겠습니까?"
  "윤허한다."

1.1.2 흥해군수 조희완 선정비

百里海晏 不忮不求 花迎縣綬
三世澤深 惟淸惟廉 月照堂琴
郡守趙公義完淸德碑
吏民親愛
載頌無忝
癸未 七月 日

주소 : 경상북도 포항시 북구 흥해읍 한동로 51
지번 : 경상북도 포항시 북구 흥해읍 성내리 39-8
위치 : 영일민속박물관 동편
높이×넓이×두께 : 104×39×12cm
비좌 : 신설 / 비개 : 결실

[문면 해석]

郡守趙公義完淸德碑 군수 조희완공 청덕비

百里海晏 백리 바닷가가 평안한 것은

三世澤深 삼대의 은혜[1]가 깊음이로다

---

1 삼대의 은혜 : 조희완의 아버지 조존규(趙存奎)도 1817년(순조 17) 무과에 급제
    하여 지방관을 지냈고 아들 조우현(趙禹顯)은 1885년(고종 22)에 선전관을 지
    냈다.

不忮不求　해치거나 구하지 않고[2]

惟淸惟廉　오직 맑고 청렴하셨도다

花迎縣綬　꽃은 고을의 원님을 환영하고

月照堂琴　달은 관청의 풍류를 비추도다

吏民親愛　관리와 백성을 친밀히 사랑하니

載頌無忝　여기 칭송해도 폐됨이 없으리

癸未七月日　계미년(1883) 7월 일

조희완(趙羲完, 1831 ~ ?)

조선 후기의 무신이다. 본관은 평양이고 자는 성시(聖始)이다. 아버지는 조존화(趙存和)이고 생부는 부사(府使) 조존규(趙存奎)이다. 1858년 식년시 무과에 급제하여 무관으로 평생 봉직하였으며 1881년 외직으로 흥해군수를 지냈다. 그 뒤 함경도 중군, 총어영 기사장, 충청 수사 등을 지내고 훈련원 도정에 이르렀다.

[행적]

• 『승정원일기』 고종 4년(1867) 7월 20일

조희완(趙羲完)을 무신 겸 선전관으로 삼았다.

2　해치거나 구하지 않고 : 원문의 불기불구(不忮不求)는 『시경(詩經)』 「패풍(邶風) 웅치(雄雉)」에 "그대 모든 군자, 덕행을 모르는가. 해치지 않고 구하지 않는다면 어찌 선하지 않으리오.〔百爾君子 不知德行 不忮不求 何用不臧〕"라고 한 데서 나온 말이다. 이를 인용하여 공자(孔子)가 자로(子路)를 두고 "해어진 솜옷을 입고 여우 갖옷이나 담비 갖옷을 입은 사람과 나란히 서서도 부끄러워하지 않는 사람은 중유(仲由)일 것이다. 남을 해치지도 않고 남의 것을 탐하지도 않는다면 어찌 착하지 않으리오?〔衣敝縕袍 與衣狐貉者立 而不恥者 其由也與 不忮不求 何用不臧〕"라고 칭찬했었다. 『論語 子罕』

- 『승정원일기』고종 18년(1881) 7월 12일
  조희완을 흥해 군수(興海郡守)로 삼았다.
- 『승정원일기』고종 20년(1883) 6월 25일
  조희완을 훈련원 정(正)으로 삼았다.
- 『승정원일기』고종 21년(1884) 11월 2일
  "함경도 중군(中軍) 조희완(趙羲完)은 스스로를 단속하는 데 청렴하고 일에 임해서는 상세히 살피며, 성(城)을 수선하고 간악한 일을 그치게 하였으며, 또한 술 담그는 것을 금하고 난잡한 일을 물리쳤습니다. 그리하여 뭇 사람들의 마음이 그가 떠나는 것을 아쉬워하고 있습니다. 해당 조로 하여금 품처(稟處)하도록 하소서."
  "지극히 가상한 일이니, 변지(邊地)의 이력을 허용하라."

1.1.3 흥해군수 김희국 선정비

郡守金公熙國淸德善政碑

大賢之后　謹度襄日
牧民之先　闢蘿排年
徯我來蘇　有扁者石
政爾撫循　萬口攸鐫

（좌측면）
乙酉　五月　日　立

주소 : 경상북도 포항시 북구 흥해읍 한동로 51
지번 : 경상북도 포항시 북구 흥해읍 성내리 39-8
위치 : 영일민속박물관 동편
높이×넓이×두께 : 94×33×14cm
비좌 : 신설 / 비개 : 없음

[문면 해석]

郡守金公熙國淸德善政碑 　군수 김희국공 청덕 선정비

大賢之后 　큰 현인의 후예[3]로서

牧民之先 　목민에는 앞장서신 분

3　　큰 현인의 후예 : 김희국(金熙國) 군수는 서흥김씨로, 영의정에 증직되고 문묘에
　　종사된 한훤당 김굉필(金宏弼)의 후손이다.

謹度襃日　삼가 임금을 칭송함[4]에 전념하였고

闢糴排年　환곡을 열어 해마다 나누게 했네[5]

徯我來蘇　위태하던 우리에게 오셔서 소생시키니

政爾撫循　그 정사는 어루만지고 돌보심이라

有扁者石　여기 납작한 돌 하나 있어서

萬口攸鐫　만백성의 칭송을 새겨 두노라

乙酉 五月 日 立　을유년(1885) 5월 일 세움

김희국(金熙國, 1824~1901)

조선 후기의 문신이다. 본관은 서흥이고 자는 윤약(允若)이며 호는 낙하(洛下)이다. 달성 현풍에 살았으며 아버지는 김준동(金駿東)이다. 철종(哲宗) 9년(1858) 무오(戊午) 식년시(式年試)에 병과(丙科) 19위로 급제하여 벼슬에 나섰다.

사간원과 사헌부의 요직을 역임하였으나 1870년 이필제(李弼濟)의 난에 연루되어 파직되었다가 다시 서용되었다. 1883년 흥해군수로 임용되어 2년간 근무하였고 중추원 의관을 역임하였다.

4　임금을 칭송함 : 원문의 포일(襃日)은 포일월(襃日月)과 같은 뜻으로, 왕의 덕을 칭송함을 뜻한다. 김감(金勘)의 시 「관홍루(貫虹樓)」에 있는 "천박한 것이 어찌 능히 해와 달을 칭송할 수 있으리(淺劣何能襃日月)"라는 표현과 유사하다.

5　해마다 나누게 했네 : 원문의 배년(排年)은, 갚아야 할 전액이 너무 커서 일시에 상환하지 못할 경우에 한 해에 얼마씩을 정하여 몇 해에 다 갚도록 나누어주는 일을 말한다.

- 『승정원일기』 고종 4년(1867) 2월 17일
  김희국(金熙國)을 전적(典籍)으로 삼았다.
- 『승정원일기』 고종 20년(1883) 6월 25일
  김희국을 흥해 군수(興海郡守)로 삼았다.
- 『승정원일기』 고종 22년(1885) 3월 23일
  김희국을 교리로 삼았다.
- 『승정원일기』 고종 22년(1885) 3월 24일
  "새로 제수된 교리 김희국(金熙國)이 지금 경상도 흥해군(興海郡) 임소에 있습니다. 경연에 번드는 일이 긴급하니, 속히 역말을 타고 올라오도록 하유하는 것이 어떻겠습니까?"
  "체차하라."

1.1.4 흥해군수 이득강 선정비

郡守李公得江北川藪遺蹟碑

郡之北大川浸溢田疇墊沒濱海邑基若建砥然遇大浸則有傾圮之患歲役丁萬
夫聚沙磧以隄之不能久遠公以壬戌蒞官率吏民董役屬衆而告曰紓民力
而弭水害者莫林藪若也於是培植而禁養之翦薙斷而糵櫱興歷十數年林木之
蘙者拱疏者密櫛櫛如崇埔巨藩扞節水道者殆十許里民不讋鼓而邑賴而奠
公之功顧不韙歟邑之幹事者謀所以壽其績剟薪於藪購石而記之噫其不朽矣

監役　朴昌魯　金致一
時崇禎後四丙戌　南至月　二十日也

주소 : 경상북도 포항시 북구 흥해읍 한동로 51
지번 : 경상북도 포항시 북구 흥해읍 성내리 39-8
위치 : 영일민속박물관 동편 / 높이×넓이×두께 : 110×41.8×15.3cm
비좌 : 석재 기단형 / 비개 : 75×65×23, 운문형
기타 : 마모 있음. 북송리 큰마을에서 1990년대에 옮겨 옴

[문면 해석]

郡守李公得江北川藪遺蹟碑 군수 이득강공 북천수 유적비

郡之北 大川浸溢 田疇墊沒 濱海邑基 若建砥然 遇大浸則

有傾圮之患 歲役丁萬夫 聚沙磧以隄之 不能久遠 公以壬戌
莅官 率吏民往董役屬衆而告曰 紓民力而弭水害者 莫林藪
若也 於是培植而禁養之 芻蕘斷而檠櫪興 歷十數年 林木之
蘗者拱疏者密 櫛櫛如崇墉巨藩 扞節水道者 殆十許里 民不
鼛鼓而邑賴而奠 公之功 顧不韙歟 邑之幹事者 謀所以壽其
績 剔薪於藪 購石而記之 噫其不朽矣

군의 북쪽에 있는 큰 하천에 물이 넘쳐서 논밭이 물에 잠기곤 하였다. 바닷가
의 고을 터전조차 벽돌로 세운 듯하여 큰물을 만나면 무너질 염려가 있었다. 해
마다 만 명의 일꾼이 동원되어 모래와 돌을 모아 둑을 쌓아도 오래도록 보전하
지 못하였다. 공은 임술년(1802)에 부임하여 관리와 백성을 거느리고 직접 가서
일을 감독하고 백성들을 돌보면서 말했다. "백성의 힘을 덜 들이고 수해를 막
는 데는 숲을 조성하는 일 만한 것이 없다." 이에 나무를 심어 베는 것을 금지하
고 길렀으므로, 나무꾼이 못 들어가니 숲과 그늘이 우거졌다. 십여 년을 지나자,
나무 중에서 새움 난 것은 아름드리가 되고 듬성하던 것은 빼곡하게 큰 담과 거
대한 울타리처럼 되어서, 물길을 막고 조절하게 된 것이 거의 십여 리가 되었다.
이에 백성은 흥겹게 참여하였으며6 고을은 이 덕택에 공의 공로를 드러낼 수 있
었으니 대단하지 않은가. 고을에서 일을 맡은 사람들이 그 사적을 오래 전하기
위해 숲에서 땔나무를 베어다가 돌을 사서 기록하였으니, 아아, 이는 불멸하리
로다.

時崇禎後四丙戌 南至月 二十日也
이때는 숭정기원후 4병술년(순조 26, 1826) 5월 20일이었다.

---

6   흥겹게 참여하였으며 : 원문의 불고고(弗鼛鼓)는 『시경(詩經)』 「대아(大雅) 면
     (綿)」에, "모든 담장을 쌓으니, 고고가 감당하지 못하도다.[百堵皆興 鼛鼓弗勝]"
     라고 한 구절을 인용한 것으로, 당시 백성들이 제방으로 물을 막은 역사를 즐거워
     하여 공사를 권면하는 북을 그칠 수 없었음을 말한 것이다.

監役 朴昌魯 金致一
감역 박창로 김치일[7]

이득강(李得江, 1759 ~ ?)

조선 후기의 무신이다. 본관은 전주이며 효령대군의 후손이
다. 아버지는 이도오(李道吾)이며 전라도 영광에 살았다. 정조(正
祖) 8년(1784) 갑진(甲辰) 정시(庭試)에 병과(丙科)로 합격하여 벼슬
에 나왔다. 외직으로 흥해군수를 지냈는데, 순조 3년(1803년 윤 2
월) 흥해향교 동·서무의 퇴락으로 인한 중수가 이루어지면서 이
안제(移安祭)가 행해졌고, 4월 3일 환안제(還安祭)를 행하였다. 철
종때 곡강천(曲江川)에 제방을 쌓고 4리에 뻗친 송림[北川藪]을 조
성하였으므로 북송(北松)이라 부른다.

[행적]
• 『일성록』 정조 13년(1789) 2월 21일
  이득강(李得江) 등 11인은 변에 1발을 맞혔으므로 각각 목(木) 1
  필씩을 사급하였다.
• 『일성록』 순조 즉위년(1800) 8월 15일
  이득강을 선전관(宣傳官)으로 삼았다.
• 『일성록』 순조 2년(1802) 1월 9일
  이득강을 흥해 군수(興海郡守)로 삼았다.

---

7 이 비석은 흥해읍 북송리 큰마을에 있었는데 1990년대에 영일민속박물관으로 이
   건되었다.(『포항시사』 3권 605면)

郡守權公顥淸德去思碑

崇禎紀元後四丙午 正月 日

政難俱便 吏民爭頌 廉平志固 於戲我侯
惟公能之 咸曰來遲 含吐其章 永世不忘

주소 : 경상북도 포항시 북구 흥해읍 한동로 51
지번 : 경상북도 포항시 북구 흥해읍 성내리
　　　39-8
위치 : 영일민속박물관 동편
높이×넓이×두께 : 117.5×43.6×14.5cm
비좌 : 신설 / 비개 : 결실
기타 : 설립연월 기록이 우측 상단에 있음

[문면 해석]

郡守權公顥淸德去思碑 군수 권의공 청덕 거사비

政難俱便　정사의 어려움을 다 편하게 하심은

惟公能之　오직 공만이 하실 수 있었던 일

吏民爭頌　관리와 백성이 다투어 칭송하며

咸曰來遲　오시기가 늦었다고 모두 말했네

廉平志固　청렴하고 공평하며 뜻이 굳으니

含吐其章 그 아름다움을 머금었다 내놓은 듯

於戲我侯 아하, 우리 원님

永世不忘 영원히 잊지 못하리

崇禎紀元後四丙午正月日 숭정기원후 4병오년(1846) 정월 일

권의(權顗, 1809 ~ ?)

조선 후기의 무신이다. 본관은 안동이고 아버지는 부호군 권영(權珱)이다. 순조 29년(1829) 기축(己丑) 정시(庭試)에 병과(丙科)로 급제하여 벼슬에 나왔다. 1843년 흥해군수(興海郡守)가 되었고 1846년 경주영장(慶州營將)이 되었다.

[행적]

- 『승정원일기』 순조 33년(1833) 11월 29일
  권의(權顗)를 선전관(宣傳官)으로 삼았다.
- 『승정원일기』 헌종 9년(1843) 6월 25일
  권의를 흥해 군수(興海郡守)로 삼았다.
- 『승정원일기』 헌종 11년(1845) 12월 27일
  권의를 충청도 병마우후(兵馬虞侯)로 삼았다.

1.1.6 흥해군수 윤자익 선정비

郡守尹公滋翊善政去思碑

○○○○
○○○○
大丞星行　奏求無厭
吏奴令廳　越瘠誠矜
○○○○
○○車○○○　直軍邑還　一評得伸　數尺貞珉
○○○○○　鰒利民專　幽谷回春　千祀樹仁
（좌측면）
貿及他○○車○○○
咸豐八年戊午 四月 幼學 河錫麟 謹撰
座目 頭人 李齊模 河錫羲
頭人 鄭義煥 裵仁○ 元○○

주소 : 경상북도 포항시 북구 흥해읍 한동로 51
지번 : 경상북도 포항시 북구 흥해읍 성내리 39-8
위치 : 영일민속박물관 동편
높이×넓이×두께 : 106×39×16cm
비좌 : 신설 / 비개 : 결실
기타 : 전면 상부에 마모 심함. 판독불능 부분이 많음

[문면 해석]

郡守尹公滋翊善政去思碑 군수 윤자익공 선정 거사비

○○○○ (…)

○○○○ (…)

大丞星行 큰 일 맡은 이들은 즉시 이행하고

吏奴令廳 관리와 종들은 명령에 따랐네

奏求無厭 아뢰고 구하기에 게으르지 않았고

越瘝誠矜 남의 고난을 진실로 긍휼하였네

貿及○○ (…)

他○○車 (…)

直軍邑還 순번하던 군사는 고을로 돌아오고

鰒利民專 해물의 이익은 백성에게 돌아갔네

一評得伸 한 번 송사하면 억울한 일 풀리니

幽谷回春 어둡던 골짜기에 봄날이 돌아왔네

數尺貞珉 몇 자 돌 비석에 새겨 두어서

千祀樹仁 천년토록 어진 뿌리를 내리리

咸豊八年戊午 四月 幼學 河錫麟 謹撰書

座目 頭人 李齊模 河錫義

頭人 鄭義煥 裵仁○ 元○○

함풍 8년 무오년(1858) 4월 유학 하석린 삼가 찬하고 씀

좌목 두인 이제모 하석희

두인 정의환 배인○ 원○○

윤자익(尹滋翊, 1825 ~ ?)

조선 후기의 무신이다.

본관은 파평이고 자는 경보(敬甫)이며 아버지는 윤혜진(尹惠鎭)
이다.

1852년 선전관에 임용되면서 관직을 시작하여 수문장(守門將)
과 중추부 도사(都事), 파총(把摠) 등의 군직을 거쳐 그해 전주영장
이 되었다. 1877년 위원군수를 역임하였다. 가선대부(嘉善大夫)
의 직함을 받았다.

[행적]

• 『승정원일기』 철종 3년(1852) 6월 27일
  윤자익(尹滋翊)을 선전관(宣傳官)으로 삼았다.

• 『승정원일기』 철종 8년(1857) 9월 6일
  윤자익을 흥해 군수(興海郡守)로 삼았다.

• 『승정원일기』 고종 13년(1876) 1월 30일
  윤자익을 수문장(守門將)으로 삼았다.

• 『승정원일기』 고종 13년(1876) 5월 18일
  윤자익을 전주 영장(全州營將)으로 삼았다. 부임을 위해 하직 인사를 할 때 활과 화살통을 주었다.

1.1.7 흥해군수 지홍관 선정비(1)

一追劃米毋論幾百石若以本邑船運則海民全當輸納至若作錢則輸運馱價

陸海分當是齊

一追劃米船運時戶房稱以執船用情太夥民難支勿爲如前濫捧自今以後

米錢間以柒拾兩式恒定是齊

行郡守池公弘寬海弊矯捄善政碑

一邪鹽錢段半乾時加斂永爲勿論以每年多等従依施行是齊

一追劃米輪納時若有別情雜費則通一境分排是齊

一新官到任時官廳所用魚物段勿爲如前本色以代錢捌拾兩式恒定收捧自

奴房買用是齊

주소 : 경상북도 포항시 북구 흥해읍 한동로 51
지번 : 경상북도 포항시 북구 흥해읍 성내리 39-8
위치 : 영일민속박물관 동편 / 높이×넓이×두께 : 104×33×10cm
비좌 : 신설 / 비개 : 결실 / 기타 : 4면 전체에 비문이 있음

[문면 해석]

行郡守池公弘寬海弊矯捄善政碑

행군수 지홍관공 해폐교구[8] 선정비

---

8 해폐교구(海弊矯捄) : 해폐(海弊)란 조선시대 당시에 관리들이 어민을 침탈하여
가혹한 세금을 매기거나 잡다한 명목의 잡부금을 걷어서 괴롭히던 것을 일컫는다.
이 비석은 이런 일들을 바로잡은 것을 감사하여 세웠다는 뜻이다.

海尺釐整條件
一 七月官廳納乾文魚八尾代錢貳拾壹兩陸戔
官廳庫子後錢肆兩小庫直後錢捌兩
一 新延時外站文魚壹尾紅蛤壹盆
一 邑站文魚壹尾紅蛤壹盆
刀尺例給錢貳兩
冬至文魚參尾官廳納
十二月歲饌文魚參尾
杖房求乞錢陸兩
奴房求乞錢伍兩

（좌측면）
一 營將虞候倭官入郡時所用魚物段置勿爲本色以代錢八拾兩式恒定收
捧自奴房買用是齊
一 內行次入郡時所用魚物勿爲本色代錢陸拾兩收捧自奴房買用是齊

（후면）
同治壬申 八月日
都監 吏房 崔德偉
海民 李致坤 元光男 金江牙之 徐千石 元尙得 金致安

海尺釐整條件　바닷가 백성[9] 문제를 바로잡는 항목들

一　七月官廳納乾文魚八尾 代錢貳拾壹兩陸戔

官廳庫子後錢肆兩

9　바닷가 백성 : 조선시대에 어민의 신분을 낮게 보아서 해척(海尺)이라고 부르며 천대하던 관습이 있었다.

小庫直後錢捌兩

7월에 관청에 건문어 8마리 대신 돈으로 21냥 6전을 바친다.

관청 고자에게 뒷돈 4냥.

소고직에게 뒷돈 8냥.

一　新延時外站文魚壹尾 紅蛤壹盆

새로 수령이 도임할 때 외참(外站) 접대에는 문어 한 마리와 홍합 한 동이.

一　邑站 文魚壹尾 紅蛤壹盆

刀尺例給錢貳兩

冬至文魚參尾官廳納

十二月歲饌文魚參尾

杖房求乞錢陸兩

奴房求乞錢伍兩

읍참(邑站) 접대에는 문어 한 마리와 홍합 한 동이.

도척(刀尺)[10]에게 관례로 주는 돈 2냥.

동지에는 문어 3마리를 관청에 바친다.

12월에 세찬(歲饌) 문어는 3마리.

장방(杖房)에 구걸전 6냥

노방(奴房)에 구걸전 5냥

一　追劃米 毋論幾百石 若以本邑船運 則海民全當輸納
　　至若作錢 則輸運駄價 陸海分當是齊

추획미(追劃米)[11]는 몇백 석이 되든지를 무론하고, 만약 우리 읍의 배로

10　도척(刀尺) : 칼자라고 불리며, 지방 관아에 속하여 음식 만드는 일을 맡아보던 하인이다.

11　추획미(追劃米) : 연초에 예산을 세우고 계획하여 거두는 세금을 원획(元劃)이라 하고 그해의 풍흉을 살펴 거두는 세금을 추획(追劃)이라 했다. 이때 쌀로 받는 것을 추획미(追劃米)라고 불렀다.

운반하면 바닷가 백성이 전적으로 담당하여 운반한다. 만약 돈을 모으기로 하면 실어 나르는 운임을 육지와 바다에서 나누어 담당하기로 할 것이다.[12]

一 追劃米船運時 戶房稱以執船用情太夥 民難支 勿爲如
  前濫捧 自今以後 米錢間 以柒拾兩式 恒定是齊

추획미를 운반할 때 호방이 배를 잡아준다고 칭하면서 인정(人情)[13]을 받는 것이 너무 많아서 백성이 견디기 어렵다. 이전과 같이 함부로 더 받지 말고 이제부터는 쌀이든 돈이든 70냥씩으로 일정하게 정할 것이다.

一 邪鹽錢段 半乾時加斂 永爲勿論 以每年冬等庉依例施
  行是齊

소금을 굽는 돈에 대하여, 반쯤 말랐을 때 더 거두는 것은 영영히 하지 말고, 매년 겨울 정기적인 세금에만 예에 따라 시행할 것이다.

一 追劃米輸納時 若有別情雜費 則通一境分排是齊

추획미를 운반하여 납부할 때 만약 별도의 인정이나 잡비가 발생하면 온 고을 경내를 통틀어 분배할 것이다.

一 新官到任時官廳所用魚物段 勿爲如前本色 以代錢捌
  拾兩式 恒定收捧 自奴房貿用是齊

새 수령이 도임할 때 관청에서 쓸 어물에 대하여, 이전처럼 본색(本色)[14]을 쓰지 말고, 대신 돈으로 80냥씩을 일정하게 거두어 들여서 노방(奴房)에서 사서 쓰게 할 것이다.

---

12 할 것이다 : 원문의 시제(是齊)는 이두문으로, '이제'라고 읽히며 뜻은 '이다', '이어라', '일지어다' 정도로 쓰였다. 현대적 의미로는 '한다', '하라', '할 것이다' 등으로 이해될 수 있다.

13 인정(人情) : 원래는 고마워하는 마음을 뜻하였으나, 아전들이 백성에게 인정전(人情錢)이라는 뇌물을 받았으므로 관례적으로 뇌물이라는 뜻으로 쓰였다.

14 본색(本色) : 돈이 아닌 현지에서 나는 본래의 생산물을 본색(本色)이라고 했다.

一 營將虞候倭官入郡時所用魚物段 置勿爲本色 以代錢
八拾兩式 恒定收捧 自奴房貿用是齊

영장[15]이나 우후[16]나 왜관[17]이 군에 들어올 때 쓸 어물에 대하여, 이전처럼 본색을 쓰도록 버려두지 말고, 대신 돈으로 80냥씩을 일정하게 거두어들여서 노방(奴房)에서 사서 쓰게 할 것이다.

一 內行次入郡時所用魚物 勿爲本色 代錢陸拾兩 收捧
自奴房貿用是齊

내행(內行) 행차가 군에 들어올 때 쓸 어물은, 본색을 쓰지 말고, 대신 돈으로 60냥씩을 거두어 들여서 노방(奴房)에서 사서 쓰게 할 것이다.

同治壬申 八月 日 동치 임신년(1872) 8월 일

都監 吏房 崔德偉 도감 이방 최덕위

海民 李致坤 元光男 金江牙之 徐千石 元尙得 金致安
해민 이치곤 원광남 김강아지 서천석 원상득 김치안

---

15 영장(營將) : 조선 후기 지방 내륙군의 핵심편제인 속오군(束伍軍) 부대의 상위단위인 영(營)의 장수이다. 임진왜란중인 1594년(선조 27) 속오군이 창설되면서 처음 설치되었으며, 별도의 영장이 임명된 곳과 수령이 겸임한 2가지 형태가 있었다. 정묘호란 이후에는 당상무관(當上武官)을 영장으로 차출하여 군사가 적은 강원도와 함경도에는 3~4명, 나머지 도에는 5명씩 파견했다. 파견된 영장들은 기예를 가르치고 연말에는 오영(五營)이 함께 1차례 합동훈련을 실시하여 지방군사력을 강화했다.

16 우후(虞候) : 조선시대에 각 도의 주장(主將)인 절도사의 막료로서 주장을 보필한 무관이다. 아장(亞將 : 副將)이라고도 한다. 남병사(南兵使 : 함경남도병마절도사)를 제외한 전임(專任)절도사 밑에 두었으며, 병마절도사에 소속된 종3품의 병마우후(兵馬虞候)와 수군절도사에 소속된 정4품의 수군우후(水軍虞候)로 구분되고, 임기는 720일(2년)이다. 우후는 절도사를 도와 군기(軍機)에 참여하고 군령을 전달하며 군사를 지휘하는 외에 절도사를 대신해 군사 훈련이나 무기·군장 점검을 위해 도내를 순행하였다.

17 왜관(倭官) : 몇 가지 용도로 쓰인 듯하다. 일본에서 오는 왜사신[倭使], 그 호위자[護行倭差], 국내 왜인들의 거류지인 왜관(倭館)에 나와 있는 왜인 관원(倭人官員) 등을 가리키는 말이었다.

지홍관(池弘寬, 생몰년 미상. 가계 미상)

조선 말기의 무신이다. 1866년 병인양요에 프랑스 군함이 강화도를 침략했을 때 한성근(韓聖根) 휘하의 강화 순무영별무사(別武士)로 로즈에게 격문을 보내 인민을 살상하고 재물을 약탈한 데 대해 추궁하였다. 프랑스군이 공격해오자 별파진 군사 50명을 이끌고 용감하게 싸우다 부상하였다. 1866년 절충장군 오위장이 되고 1867년 미조항 첨사로 임용되었다. 선정을 펼쳐 1868년 가선대부로 승진하고 1870년 자헌대부에 가자되었다. 1871년 흥해군수에 임용되고 1875년 대호군에 제수되었다.

[행적]

• 『승정원일기』 고종 4년(1867) 5월 10일
"문수산성(文殊山城)에 출정했던 장교 지홍관(池弘寬)을 미조항 첨사(彌助項僉使)로 차출하여 보내라."

• 『승정원일기』 고종 5년(1868) 11월 2일 병조 계목(兵曹啓目)
"경상우도 암행어사 이용직(李容直)의 서계(書啓)를 보니, 미조항 첨사(彌助項僉使) 지홍관(池弘寬)은 궤량(饋糧)을 스스로 담당하고 약환(藥丸)을 보조하였으며, 600금(金)을 내어 놓아 주린 백성을 구제하고, 헐벗은 사람에게 옷을 보조한 것이 50건(件)이나 됩니다. 지극히 가상하니 가자(加資)의 은전을 베푸는 것이 마땅할 듯합니다만, 은상(恩賞)에 관계되는 일이므로 본조에서 마음대로 처리할 수 없으니, 재결하여 주소서."
"회계(回啓)한 대로 시행하라."

• 『승정원일기』 고종 8년(1871) 12월 28일 지홍관을 흥해 군수(興海郡守)로 삼았다.

郡守池公弘寬清德善政碑

江都勳烈　樓廨振頹

海郡表率　豐舍增廓

戶鐲運程　口碑難容

結減刷斂　尺珉無玷

（좌측면）

同治十二年　五月　日

주소 : 경상북도 포항시 북구 흥해읍 한동로 51
지번 : 경상북도 포항시 북구 흥해읍 성내리 39-8
위치 : 영일민속박물관 동편
높이×넓이×두께 : 114×40.3×13.4cm
비좌 : 신설 / 비개 : 결실

[문면 해석]

郡守池公弘寬清德善政碑 군수 지홍관공 청덕 선정비

江都勳烈 강화도에서 세운 열렬한 공훈[18]이

海郡表率 바닷가 고을에서 인도자가 되셨네

---

18 강화도에서 세운 열렬한 공훈 : 병인양요(1866)에 지홍관이 강화도 초관 한성근의
집사로 용감히 싸운 행적을 말한다.

樓廨振頽 퇴락한 건물들이 떨쳐 세워지고

黌舍增廓 향교 건물은 증축되어 넓어졌네

戶蠲運程 호구에 부과된 운반 요역을 없애주고

結減刷斂 토지세를 줄이고 가혹한 징수를 없앴네

口碑難容 입으로 전해서는 형용할 수 없으니

尺珉無玷 돌에 새겨야 이지러지지 않으리

同治十二年五月日 동치 12년(1873) 5월 일

[인적사항] : 전술함

[행적] : 전술함

郡守池公弘寬淸德去思碑

是邑是疇　以圖巨浸
每患傾圮　因舊完堤
爲障晉陽　伊誰之力
厥田雍州　鐫玆垂後
（좌측면）
同治十三年甲戌 立 重建辛丑 正月 日

주소 : 경상북도 포항시 북구 흥해읍 한동로 51
지번 : 경상북도 포항시 북구 흥해읍 성내리 39-8
위치 : 영일민속박물관 동편
높이×넓이×두께 : 110×36.6×14cm
비좌 : 신설 / 비개 : 58×44×30, 반원형 쌍해태문 별
기타 : 북송리 큰마을에서 1990년대에 옮겨 옴

[문면 해석]

郡守池公弘寬淸德去思碑 군수 지홍관공 청덕 거사비

是邑是疇 이 고을 이 전토는

每患傾圮 무너지는 게 늘 걱정이었는데

以圖巨浸 널리 물을 대고자 하여

因舊完堤 옛 자리에 둑을 완성했네

爲障晉陽 진양의 보장[19]이 되었으며

厥田雍州 옹주의 전토[20]가 되었네

伊誰之力 그 누구의 힘이었던가

鑴玆垂後 여기 새겨 후세에 알리네

同治十三年甲戌 立 重建辛丑 正月 日
동치 13년 갑술년(1874)에 세우고 신축년 정월 일에 중건함

[인적사항] : 전술함

19 진양의 보장 : 진양은 춘추 시대 조 양자(趙襄子)가 지백(智伯)의 공격을 받고 피
신하여 마지막 보루로 삼았던 곳이다. 윤탁(尹鐸)은 조 양자의 부친인 조 간자(趙
簡子)가 진양 태수(晉陽太守)로 임명한 사람인데 윤탁이 "세금을 많이 걷을까요,
아니면 백성을 안정시켜 나라의 보장(保障)이 되게 할까요?〔爲繭絲乎 抑爲保障
乎〕" 하고 물으니, 보장이 되게 하라고 대답하였으므로, 윤탁이 이에 따라 그 호구
(戶口)의 수를 줄여서 백성의 부세(賦稅)를 경감하였다. 그 결과 민심을 얻은 덕분
에, 지백의 침입으로 절체절명(絶體絶命)의 위기에 처했을 때, 조 양자가 진양으
로 피신해서 지백의 군대를 대파하고 나라를 중흥하였다. 『戰國策 趙策1』 『國語
晉語9』

20 옹주의 전토 : 중국을 구주(九州)로 부를 때 옹주는 그 중의 하나였다. 동남은 양주
(楊州), 정남은 형주(荊州), 하남은 예주(豫州), 정동은 청주(靑州), 하동은 연주
(兗州), 정서는 옹주(雍州), 동북은 유주(幽州), 하내는 기주(冀州), 정북은 병주
(幷州)이다. 『周禮 夏官 職方氏』 『呂覽 有始』 옹주(雍州)는 토질이 기름져서 상
상(上上)의 등급에 해당하는 땅이다. 『書經 洪範』

心清性直　勞力興學
治平政仁　着意新民
興海郡守朴公齊範惠政碑
隆熙四年 六月 日 十一面民立
監役 東部面長 朴震愚
西部面長 崔鶴九

주소 : 경상북도 포항시 북구 흥해읍 한동로 51
지번 : 경상북도 포항시 북구 흥해읍 성내리 39-8
위치 : 영일민속박물관 동편
높이×넓이×두께 : 87.6×30.3×14cm
비좌 : 신설 / 비개 : 없음

[문면 해석]

興海郡守朴公齊範惠政碑 흥해군수 박제범공 혜정비

心清性直 마음은 맑고 성품은 곧으며

治平政仁 다스림은 공평하고 정치는 어질었네

勞力興學 학교를 일으키는 데 힘을 썼으며

着意新民 백성을 새롭게 하기에 마음을 두었네

隆熙四年 六月 日 十一面民立 융희 4년(1910) 6월 일 11면민이 세움

監役 東部面長 朴震愚 감역 동부면장 박진우

西部面長 崔鶴九 서부면장 최학구

박제범(朴齊範, 생몰년 미상)

조선 후기의 무신이다. 본관은 반남이다. 연무공원(鍊武公院) 학도를 거쳐 친군 통위영 초관으로 임용되었다. 훈련원 주부와 의금부 도사를 역임하고 평해 군수(平海郡守)와 흥해 군수(興海郡守)로 부임하였다.

[행적]

- 『승정원일기』 고종 26년(1889) 11월 9일
  박제범(朴齊範)을 수문장(守門將)으로 삼았다.
- 『승정원일기』 고종 28년(1891) 1월 29일
  박제범을 훈련원 주부(主簿)로 삼았다.
- 『승정원일기』 고종 30년(1893) 8월 9일
  박제범을 금부 도사(禁府都事)로 삼았다.
- 『승정원일기』 고종 43년(1906) 2월 4일 6품
  박제범을 평해 군수(平海郡守)에 임용하였다.
- 『승정원일기』 순종 1년(1907) 11월 27일
  전 군수 박제범을 흥해 군수(興海郡守)에 임명하였다.

行郡守南公萬里海弊矯捄善政碑

氷月照均　去魚復萃　濫稅蠲定
光明海堧　誠格于神　弊源洞斬
○○○○　商無斂討　片石堪話
○○○○　蘇我漁民　永垂不泯

（좌측면）
光武五年辛酉三月 日 南北津民立
監董 河在九　金鍾根　尹斗應　黃奉鶴　金老永　金萬斗　宋致奎　金宗岳

주소 : 경상북도 포항시 북구 흥해읍 한동로 51
지번 : 경상북도 포항시 북구 흥해읍 성내리 39-8
위치 : 영일민속박물관 동편
높이×넓이×두께 : 103×41.5×10cm
비좌 : 신설 / 비개 : 없음 / 기타 : 마모 심함

[문면 해석]

行郡守南公萬里海弊矯捄善政碑
　행군수 남만리공 해폐교구 선정비

氷月照均　얼음같은 달이 고루 비치듯이

光明海堧　바닷가 땅에 광명이 비치었네

去魚復萃　떠난 물고기가 다시 모이고

誠格于神　정성은 신명에까지 이르렀네

濫稅蠲定　지나친 세금은 없애도록 정하고

弊源洞轸　폐단의 근원을 통찰하여 살폈네

○○○○　(결락)

○○○○　(결락)

商無敏討　장사하는 이에게 토색이 없었고

蘇我漁民　고기잡는 백성을 소생케 하셨네

片石堪話　한 조각 돌에 이 말을 담아서

永垂不泯　없어지지 않도록 길이 전하네

光武五年辛酉 三月 日 南北津民立

광무 5년 신유년(1901) 3월 일 남북나루터 백성이 세움

監董 河在九 金鍾根 尹斗應 黃奉鶴 金老永 金萬斗 宋致
奎 金宗岳

감동 하재구 김종근 윤두응 황봉학 김영로 김만두 송치규 김종악

남만리(南萬里, 1863~1909)

　조선 후기의 무신이다. 본관은 영양(英陽)이고 자는 붕익(鵬翼)
이다. 아버지는 남유환(南有煥)이다. 의성 출신의 유학자였던 류
도수(柳道洙)에게 종유(從遊)했다고 한다. 일찍이 관직에 진출하여
개화기 신식 군대의 무관으로 활동하였다. 장위영(壯衛營)의 영
관(領官)을 역임하였으며, 1894년(고종 31) 별군관(別軍官)과 정위
(正尉)에 임명되었다. 1894년(고종 31) 갑오 농민 전쟁 때에는 관
군으로서 충청도와 전라도 일대의 농민군 상황을 정탐하는 공을

세웠다. 1895년(고종 32) 9월 친위 제1대 중대장이 되었다.

1895년 11월, 친위 제1대 중대장으로 제2대 중대장과 군사 800명을 이끌고 담을 넘어 입궐을 시도하다 실패한 춘생문 사건을 일으켰다. 남만리는 주동 인사들과 함께 체포되었다. 재판 결과 남만리는 태 100대, 징역 3년을 선고 받고 백령도(白翎島)로 유배되었다. 하지만 1896년(건양 1) 초에 징계에서 풀려나 곧바로 정위(正尉)로 복귀하였다.

1898년(광무 2) 안의 군수(安義郡守), 1899년(광무 3) 거창 군수(居昌郡守) 겸 양무감리(量務監理), 1900년 흥해 군수를 거쳐 1902년(광무 6) 3월 평택 군수(平澤郡守), 같은 해 6월 대정 군수(大靜郡守)에 임명되었다. 여러 지방관을 역임하며 치적이 있었고 한말에 항일 투쟁을 하다 옥고를 치렀다고 한다.

[행적]

• 『승정원일기』 고종 31년(1894) 갑오 7월 12일
  친군장위영의 말로 아뢰었다.
  "우대 좌참령관(右隊左參領官)을 개차하고 그 대신에 부사과 남만리(南萬里)를 차하하여 직임을 살피도록 하는 것이 어떻겠습니까?"
  "윤허한다."

• 『승정원일기』 고종 32년(1895) 11월 15일
  재판 선고서(중략)
  "상기 피고인 여러 죄인들의 모반 사건(謀反事件)에 대하여 검사의 공소(公訴)로 심리하였다.
  (중략) 피고 남만리(南萬里)는 본년 10월 11일 친위대 제1대대

중대장으로서 본영(本營)에 입직하고 있다가 흉도 이도철 등이 전한 칙령이 위조된 것임을 알지 못하고 백의 난당(白衣亂黨)의 위협을 받아 까닭 없이 군병을 출동하였으며, 태화궁 북장문 (北墻門)에 이르러 병정을 지휘하여 궁의 담장을 넘어 성문을 열고 잠시 들어갔다가 금방 나온 것도 모두 위협을 받은 것이라고 하였다. 그러나 피고가 위협을 받았다는 것은 의심스러운 일이다. 더구나 태화궁 북장문에 이르러 병정을 지휘하여 함께 담장을 넘고 성문을 열어 거리낌 없이 출입하였으니, 흉도들과 안팎으로 호응한 형적이 여지없이 드러났다.

(중략)이상 여러 죄인들의 범죄 사실은 각 해당 죄인의 진공(陳供)과 대질(對質)을 통한 공사(供辭)로 보건대, 명백하다. 해당 형률로 조율(照律)하면 다음과 같다.

(중략) 남만리는『대명률』궁위조(宮衛條)의 '칙지(勅旨)를 받들지 않은 채 사사로이 병기를 가지고 황성 문 안으로 진입한 경우 태일백에 변원(邊遠)으로 보내 충군한다.'는 형률에 해당하는데,『대전회통(大典會通)』죄범준계조(罪犯準計條)를 적용하고 정상을 참작해서 1등을 감하여 태일백 징역 3년에 처하되, 부역은 면제한다.

• 『승정원일기』고종 32년(1895) 12월 6일
징역 3년의 처분을 받은 죄인 안경수(安駉壽), 김재풍(金在豐), 남만리(南萬里)에 대해서는 백령도(白翎島)에 종신 유배(終身流配)하는 처분을 내렸다.

• 『승정원일기』고종 32년(1895) 12월 28일
칙령을 내렸다.
"제주부 제주군에 종신 유배(終身流配)된 죄인 이민굉(李敏宏)·이

충구(李忠求)·전우기(全佑基)·노흥규(盧興奎), 해주부(海州府) 장연군(長淵郡) 백령도(白翎島)에 3년 유배(三年流配)된 죄인 안경수(安駉壽)·김재풍(金在豊)·남만리(南萬里)를 모두 특별히 석방하라."

- 『승정원일기』 고종 34년(1897) 5월 22일
  남만리를 안의 군수(安義郡守)에 임용하였다.
- 『승정원일기』 고종 37년(1900)
  남만리를 흥해 군수(興海郡守)에 임명하였다.
- 『승정원일기』 고종 38년(1901) 8월 27일
  흥해군수 남만리를 의원면직하였다.

1.1.12 흥해군수 민치서 선정비

崇禎紀元後四丙戌 五月 日

郡守閔公致書吏役廳矯捄碑

節用蠲斂 惟公爲政
視吏如民 百里同仁
(후면)
排朔
每朔壯紙五束厚紙十束白紙十五束水荏四斗黃蜜一斤芝草十升內外紬各十
六尺六寸乾柿二貼清一斗眞荏六斗木花春三十斤秋三十斤冬四十斤
新延時花紋四重席二件莞席四十立內行次時花紋三重席二件莞席十四立
支站時銀魚隨所入各種之排外加用自工房官廳從時價買用並見節目冊

주소 : 경상북도 포항시 북구 흥해읍 한동로 51
지번 : 경상북도 포항시 북구 흥해읍 성내리 39-8
위치 : 영일민속박물관 정면
높이×넓이×두께 : 121×49.5×21.5cm
비좌 : 귀부형 별석 / 비개 : 70×47×32, 4룡문 별석
기타 : 설립연월이 우측 상단에 있음

郡守閔公致書吏役廳矯捄碑 군수 민치서공 이역청[21] 교구비

節用蠲斂 비용을 절약하여 가혹한 징수를 없애고

視吏如民 관리를 보기를 백성과 같이 하였네

惟公爲政 오직 공이 정사하는 것은

百里同仁 작은 고을[22]에 한결같은 어짊이었네

崇禎紀元後四丙戌 五月 日 숭정기원후 4병술년(1826) 5월 일

排朔 달마다 배정하는 것

每朔 壯紙五束 厚紙十束 白紙十五束 水荏四斗 黃蜜一斤
芝草十升 內外紬各十六尺六寸 乾柿二貼 淸一斗 眞荏六斗
木花 春三十斤 秋三十斤 冬四十斤

매월 장지 5속, 백지 15속, 들깨 4말, 황밀 1근, 지초 10되, 안팎 명주 각 16
자 6치, 곶감 2첩, 꿀 1말, 참깨 6말, 목화 봄 30근 가을 30근 겨울 40근

新延時 花紋四重席二件 莞席四十立

---

21 이역청(吏役廳) : 조선시대 동헌의 곁에 지어서 하급 관리들이 집무하던 청사이
다. 인리청(人吏廳) 또는 줄여서 이청(吏廳)이라고도 하고, 길청, 작청(作廳)이라
는 별칭도 있었다. 이들 하급관리는 토착 지역민에게는 군림하면서 부임해오는 수
령에게는 불손한 폐단이 있었다.

22 작은 고을 : 원문의 백리(百里)는 능력에 비해 작은 고을을 맡았다는 뜻이다. 후
한(後漢) 때 고성 영(考城令) 왕환(王渙)이 엄맹(嚴猛)한 정사(政事)를 숭상하다
가, 그 고을 포(蒲)의 정장(亭長)인 구람(仇覽)이 덕으로 사람을 교화시킨다는 말
을 듣고 그를 주부(主簿)로 삼은 다음, 그에게 말하기를, "주부는 진원(陳元)이란
사람의 죄과를 듣고도 처벌하지 않고 그를 교화시켰다 하니, 응전(鷹鸇) 같은 맹렬
한 뜻이 적은 게 아닌가?" 하였다. 구람이 말하기를, "응전이 난봉(鸞鳳)만 못합니
다." 하므로, 왕환이 사과하고 그를 보내면서 말하기를, "가시나무는 난봉이 깃들
곳이 아니거니, 백 리 고을이 어찌 대현이 있을 곳이리오.[枳棘非鸞鳳所棲 百里
豈大賢之路]"라고 했던 데서 온 말로, 전하여 현사(賢士)가 낮은 지위에 있었음
을 의미한다.

신연시 화문4중석 2건, 왕골자리 40립

內行次時 花紋三重席二件 莞席十四立

내행차시 화문3중석 2건, 왕골자리 14립

支站時 銀魚隨所入

식사접대시 은어를 각 소에 따라 들일 것.

各種之排外加用 自工房官廳 從時價貿用 並見節目冊

각종의 배정 이외에 더 쓰는 것은 공방관청에서 시가에 따라 사서 쓰되, 모두
절목책을 볼 것.

민치서(閔致書, 1778~ ?)

조선 후기의 무신이다. 본관은 여흥이고 자는 군습(君習)이다.
아버지는 통훈대부 민형묵(閔亨默)이다. 순조(純祖) 1년(1801) 증광
시(增廣試)에 병과(丙科) 11위로 급제하여 벼슬에 나왔다. 1823년
흥해 군수로 부임하여 1828년 죽산 부사로 옮겼다.

[행적]

• 『승정원일기』 순조 13년(1813)
  민치서를 무신 겸 선전관(宣傳官)으로 삼았다.

• 『승정원일기』 순조 23년(1823) 9월 9일
  민치서를 흥해 군수(興海郡守)로 삼았다.

• 『승정원일기』 순조 28년(1828) 8월 9일
  민치서를 죽산 부사(竹山府使)로 삼았다.

郡守權公虎秉愛民善政碑

苫○○○○○瘼若干○○○加釐
減○○○○○陸民 統營添價永爲革罷 兩項邑費
之料○○○○汰去 謝恩○進○時○鍊雜費 及海監
雜○悉革謬例 凡○○○錢千餘金 於是申刊節目 ○置營
邑 及南北津定爲○○噫德之至斯海民其肉骨矣乎 銘曰

嘉慶二十六年庚辰 五月 日

(우측면)

政先釐瘼 戶停箕斂 麼隱不擧 何以報恩
澤究于海 邑汰苞賄 如療得醒 視此刻銘

주소 : 경상북도 포항시 북구 흥해읍 한동로 51
지번 : 경상북도 포항시 북구 흥해읍 성내리 39-8
위치 : 영일민속박물관 정면
높이×넓이×두께 : 119×48.5×18.5cm
비좌 : 신설 / 비개 : 64×46×27, 운문 통단
기타 : 마모 심함. 정면 비문에 판독불능 글자가 많음

[문면 해석]

郡守權公虎秉愛民善政碑 군수 권호병공 애민선정비

苫○○○○○瘼若干○○○加釐減○○○○陸民 統營添
價 永爲革罷 兩項邑費之料 ○○○○汰去 謝恩(使)進(駐)時
(訓)鍊雜費 及海監雜費 悉革謬例 凡減下錢千餘金 於是申
刊節目 ○置營邑 及南北津 定爲恒(式) 噫德之至斯 海民其
肉骨矣乎 銘曰

부임하여 (…) 고통이 약간 (…) 더한 것을 바로잡아 줄이고 (…) 육지 백성이 통영에 더하는 값을 영원히 혁파했으며 두 갯목과 고을의 비용에 드는 요용을 (…) 없었다. 사은(사)가 진(주)할 때에 (훈)련하는 잡비와 바다를 감독하는 잡비에서 잘못된 전례는 모두 혁파하여 무릇 줄인 돈이 천여금이었다. 이에 절목을 상세히 간행하여 영내의 고을과 남북 나루에 비치하여 일정한 (규칙)으로 정하였다. 아아, 덕택이 이렇게 지극하니 바닷가 백성이 그 골육과 같도다, 명을 지었다.

[측면]

政光釐瘼 정사의 빛이 고통을 바로잡으니

澤究于海 은택이 바닷가에 지극하도다

戶停箕斂 집집에 가혹한 세금[23] 멈추었고

邑汰苞賄 고을에 뇌물[24]이 없어졌네

靡隱不擧 숨은 고통 드러내지 않음이 없으니

如療得醒 오랜 병에서 되살아난 듯했네

何以報恩 무엇으로 은혜를 갚았을까

---

23 가혹한 세금 : 원문의 기렴(箕斂)은 집집마다 식구 숫자대로 곡식을 내게 하여 키로 거두어 간다는 뜻으로, 부세(賦稅)가 과중한 것을 표현하는 말이다. 『사기(史記)』 권89 「장이진여열전(張耳陳餘列傳)」에 "안과 밖이 소란스러워 백성들이 피폐하였는데도, 두회기렴하여 군비를 조달하였다.〔外內騷動 百姓罷敝 頭會箕斂 以供軍費〕"라는 말이 나온다.

24 뇌물 : 원문은 포회(苞賄)이다. 포(苞)는 그령풀이라는 뜻으로 탕왕의 고사에서 온 것이다. 탕왕이 하(夏)나라 걸(桀)을 정벌한 후 7년 동안 혹독한 가뭄이 들자 태사(太史)가 점을 치고 "사람을 희생으로 하여 비를 빌어야 한다."라고 하였다. 탕왕이 이에 자신이 희생이 되겠다고 자청하여, 재계(齋戒)하고 모발과 손톱을 자르고 소거(素車)에 백마(白馬)를 타고서 몸을 흰 띠풀[白茅]로 싸 희생의 모양을 갖추고 상림(桑林)의 들에 가서 세 발 달린 정(鼎)을 놓고 산천에 기도하면서 여섯 가지 일로써 자책하니, 말이 끝나기도 전에 큰비가 내렸다. 여섯 가지는 '정치를 잘 조절하지 못하였는가, 백성이 직분을 잃었는가, 궁실이 크고 화려한가, 여알이 성행하였는가, 뇌물이 유행하였는가, 참소하는 자들이 창성하였는가.[政不節歟 民失職歟 宮室崇歟 女謁盛歟 苞苴行歟 讒夫昌歟]'이다. 『十八史略 殷王成湯』

視此刻銘 여기 새긴 글을 보시오

嘉慶二十六年庚辰 五月 日 가경 26년 경진(182○) 5월 일

권호병(權虎秉, 1794~1821)

조선 후기의 무신이다. 본관은 안동이고 자는 이백(彝伯)이며
호는 신암(慎菴)이다. 아버지는 권사백(權師百)이며, 어머니는 월
성 박씨(月城朴氏)이다. 1814년(순조 14)에 정시 무과에서 갑과(甲
科) 장원(壯元)으로 급제하였다. 사헌부감찰(司憲府監察), 형조정랑
(刑曹正郞), 흥해군수(興海郡守), 경상좌도병마우후(慶尙左道兵馬虞候)
를 지냈다.

[행적]

- 『순조실록』순조 14년(1814) 3월 11일
  춘당대에 나아가 합경 정시 문무과(合慶庭試文武科)를 설행하였
  는데, 문과에는 조기영(趙冀永) 등 20인을 뽑고, 무과에는 권호
  병(權虎秉) 등 1백 73인을 뽑았다.
- 『승정원일기』순조 14년(1814) 3월 12일
  무과 제1인 급제 권호병을 부사정(副司正)으로 삼았다.
- 『승정원일기』순조 17년(1817) 10월 28일
  권호병을 형조 정랑으로 삼았다.
- 『승정원일기』순조 17년(1817) 12월 27일
  권호병을 흥해 군수(興海郡守)로 삼았다.
- 『승정원일기』순조 21년(1821) 6월 30일
  권호병을 경상좌병우후(慶尙左兵虞候)로 삼았다.

1.1.14 흥해군수 홍호 선정비

주소 : 경상북도 포항시 북구 흥해읍 한동로 51
지번 : 경상북도 포항시 북구 흥해읍 성내리 39-8
위치 : 영일민속박물관 정면
높이×넓이×두께 : 147.5×64×19.6cm
비좌 : 귀부형 별석
비개 : 90×60×43, 쌍룡문 별석

[문면 해석]

郡守洪公淸德仁政碑 군수 홍공 청덕 인정비

公名則鎬 공의 이름은 호였고

叔京則字 숙경은 그의 자였네

臥閣三年 부임한 지 삼년에

愛民如子 백성을 자식처럼 사랑하셨네

謙恭若虛 겸손하고 공손하여 텅 빈 듯해도

白玉含章 백옥이 아름다움을 머금은 듯[25]했네

於戲我侯 아아, 우리 원님

永世不忘 영원히 잊지 않으리

崇禎辛未年 五月 日 숭정 신미년(1631) 5월 일

홍호(洪鎬, 1586~1646)

조선 중기의 문신이다. 본관은 부계이고 자는 숙경(叔京)이며 호는 무주(無住) 동락(東洛)이다. 대제학 홍귀달(洪貴達)의 후손이며 아버지는 무반인 홍덕록(洪德祿)이다. 정경세(鄭經世)의 문인이다. 나이 20세에 유성룡(柳成龍)을 만나 그에게 크게 칭찬을 받은 바 있다. 1606년(선조 39) 식년문과에 병과로 급제해 승문원에 들어갔다. 1612년(광해군 4) 권지(權知), 이듬 해 전적을 거쳐 박사에 이르렀다. 1623년(인조 즉위년)에는 병조정랑이 되었고 1628년 예조정랑, 1630년 사예(司藝), 이어 종부시정(宗簿寺正) 장령 승지 공조참의 흥해군수 등을 역임하였다. 1636년 병자호란 때는 용병술로 포수를 지휘하였다. 1640년 예조참의 동부승지, 1643년 우부승지 등을 거쳐, 1645년 대사간이 되었다.

---

25 머금은 듯 : 원문의 함장(含章)은 『주역』 「곤괘(坤卦) 육삼(六三)」에 "아름다움을 속에 품고 곧은 덕을 지킬 수 있다. 혹 나라의 일에 종사하여 이루어지지 않더라도 끝내는 좋아질 것이다.〔含章可貞. 或從王事, 无成有終.〕"라 한 것을 인용한 말이다.

- 『승정원일기』 인조 6년(1628) 1월 19일
  홍호(洪鎬)를 예조 정랑(禮曹正郎)으로 삼았다.
- 『승정원일기』 인조 13년(1635) 11월 24일
  홍호를 통정대부 행 흥해 군수(行興海郡守)로 삼았다.
- 『승정원일기』 인조 16년(1638) 3월 20일
  "흥해 군수(興海郡守) 홍호(洪鎬)의 상소에 이른바 '동래(東萊)에서 서울까지 적을 막을 성(城) 하나도 두지 않았다.'라는 말은 참으로 사려 깊은 말입니다. 평지(平地)의 성지(城池)는 비록 쉽게 논의할 것은 아니지만, 험지(險地)에 설치하는 계책은 참으로 조금도 늦추어서는 안 됩니다. 이전에 본사(本司)가 행이(行移)한 대로 미리 준비하여 조처함으로써 후회를 초래하지 말라는 뜻을 삼남(三南)의 감사, 병사, 통제사, 순검사에게 은밀히 이문하여 통지하는 것이 어떻겠습니까?"
  "윤허한다."
- 『승정원일기』 인조 16년(1638) 5월 11일
  홍호를 부호군(副護軍)으로 삼았다.
- 『승정원일기』 인조 23년(1645) 1월 9일
  홍호를 사간원 대사간(大司諫)으로 삼았다.

1.1.15 흥해군수 김영수 선정비

興海九堤記績碑
郡守金公九堤記績碑

生民之本在農農之本在漑故利民之政莫善於廣漑興海傍海而邑澤農多而漑源
少邑民病焉英宗壬午今統制使金公永綏以郡守至乃築十有一堤曰太平曰松
洞曰柿木曰郡沱曰德城曰余峴曰予美曰城谷曰小長生曰大谷而南星則因前人
之績公之視役便衣藩屨雜跡鋪寄宿近堤之間晨出昏息手桴鼓以倡作懸錢布
以賞勤其牛酒以餉老一如治軍之法重皆樂趨役必先期用民之隙一歲十一堤成
太平之趾捐粟百斛購受漑之前按使金公尙喆亦助之粟百斛歲收租數十斛之
民恒以當公費其惠不至漑也小長生大谷二堤今廢而九堤汔汔民鏧其惠久益頌
之公安東人以武擧歷守州閭所至盡力民國輒有成績時議以成垣待之不幸羅

주소 : 경상북도 포항시 북구 흥해읍 신흥로 861번길 47-18
지번 : 경상북도 포항시 북구 흥해읍 마산리 517
위치 : 청덕사
높이×넓이×두께 : 168×59×23.4cm
비좌 : 기단형 / 비개 : 없음
기타 : 전면의 전액(篆額)과 비문의 두기(頭記)가 다름

興海九堤記續碑

흥해 구제 기적비(전액)

郡守金公九堤記續碑

군수 김공 구제 기적비(두기)

生民之本在農 農之本在漑 故利民之
政 莫善於廣漑 興海傍海而邑 澤農多而
漑源少 邑民病焉 英宗壬午 今統制使金
公永綏 以郡守至 乃築十有一堤 曰太平
曰松洞 曰枋木 曰郡(都)沱 曰德城 曰余
峴 曰予美 曰城谷 曰小長生 曰大谷 而
南星則因前人之績 公之視役 便衣菲屨
雜跡畚鍤 寄宿近堤之間 晨出昏息 手桴
鼓以倡作 懸錢布以賞勤 具牛酒以餉老
一如治軍之法 衆皆樂趨 役必先期 用
民之隙 一歲十一堤成 太平之趾 捐粟百
斛 購受漑之田 按使金公尙喆 亦助之粟
百斛 歲收租數十斛 屬之民幣 以當公費
其惠不至漑也 小長生大谷二堤 今廢 而
九堤沄沄 民譬其惠 久益頌之 公安東人

以武擧歷守州閫 所至盡力民國 輒有成績 時議以戎垣待之 不
幸罹重獄置對 如高允之直 上始以其罪罪之 未幾宥還 置年格
而除郡 旋擢之湖閫 不踰期 授統制使 盖賞其不欺也 聖上之勵
世如此 爲臣下者 孰不願爲之死哉 惜乎 公則老矣 興海之續 直
公之末也 然亦可謂識農之本而勤民也 宜民頌之久不衰也 郡民

(후면)

重獄置對如高允之直上始以其罪罪之未幾宥還置年格而除郡旋擢之湖閫不
踰期授統制使盖賞其不欺也聖上之勵世如此爲臣下者孰不願爲之死哉惜乎
公則老矣興海之續直公之末也然亦可謂識農之本而勤民也宜民頌之久不衰也
郡民舊嘗治碑圖記公績而文末具後二十餘年大中適守是郡因衆請而記之辭不
必侈特書公之受知於聖上者以告興人
上之十年丙午 五月 日 郡守昌寧成大中謹記
築堤監官閑良金信得
竪石都監折衝崔奎炯

舊嘗治碑 圖紀公績 而文未具 後二十餘年 大中適守是郡 因衆
請而記之 辭不必侈 特書公之受知於聖上者 以告興人

백성이 살아가는 근본은 농업에 있고 농업의 근본은 관개하여 물대는 데 있다. 그러므로 백성을 이롭게 하는 정사로는 관개농지를 넓히는 것보다 나은 것이 없다. 흥해는 바닷가에 자리잡은 고을인데 관개해야 할 농지는 많은데 관개의 수원지는 적어서 고을 백성들이 괴로워했다.

영조 임오년(1762)에 지금은 통제사가 된 김영수공이 군수로 부임하여 열한 곳의 제방을 쌓았다. 이름은 태평, 송동, 시목, 군타, 덕성, 여현, 여미, 성곡, 소장생, 대곡이고 남성은 지난 사람의 유적을 따라서 수축하였다.

공이 작업을 살필 때는, 작업복에 헌 신으로 사람들과 섞여서 삼태기와 삽을 가지고 제방 근처의 마을에 기숙하면서 새벽에 나가서 저물어야 쉬었다. 손에 북채를 잡고 일하기를 이끌면서, 돈과 베를 걸고 성실한 자에게 상을 주었으며 술과 고기를 갖추고 늙은이를 대접하여, 군대를 다스리는 방법과 같이 하였다. 민중이 즐겨 달려오니 부역날에는 반드시 기한보다 먼저 와서, 백성의 농한기를 타서 일했는데 한 해에 열한 제방을 이루었다.

태평제의 터를 사기 위해 곡식 백 곡(斛)[26]을 희사하여 관개수를 받는 밭을 샀는데, 안찰사 김상철(金尙喆)[27]공도 곡식 백 곡을 도와주었다. 해마다 거두어들

26　곡(斛) : 곡식의 양을 재는 단위이다. 대체로 곡식 10말(斗)을 한 곡이라 했다.

27　김상철(金尙喆) : 1712(숙종 38) ~ 1791(정조 15) 본관은 강릉이고 자는 사보이며 호는 화서이다. 아버지는 판돈녕부사 시혁이다. 1733년(영조 9) 사마시를 거쳐 1736년 정시문과에 급제하여 지평과 교리를 지냈다. 1757년 충청도관찰사를 거쳐 이조·형조·병조 판서, 우의정·좌의정을 역임한 뒤 1775년 영의정이 되었다. 우의정 때 우리나라의 역대 문물제도를 부문별로 망라한 문헌이 필요함을 왕에게 건의하여 1770년 〈동국문헌비고 東國文獻備考〉를 편찬하게 했다. 이듬해 〈명사 明史〉에 잘못 적혀 있는 조선왕실의 계보와 사적을 바로잡기 위해 선계변무사로 북경에 가 그 책의 개인소장을 금하겠다는 약속을 받고 돌아왔다. 1771년 영조의 명령으로 그 과정을 정리한 〈신묘중광록 辛卯重光錄〉을 편집·간행했다. 1781년(정조 5) 기로소에 들어간 후 영중추부사가 되었다. 1786년 아들 우진이 죄를 지어 유배되자 관직을 삭탈당했다. 죽은 뒤 정조의 조처로 복관되었다. 시호는 충익이다.

인 조세 수십 곡도 백성의 공금에 소속시켜서 공적인 비용을 감당하게 하였으니, 그 혜택이 관개에만 그치지 않았다. 소장생과 대곡 두 제방은 지금 폐해졌지만 아홉 제방은 출렁출렁 고여 있어서, 백성이 그 혜택을 실컷 받았으며 오래 될수록 더욱 더 칭송하고 있다.

공은 안동김씨인데 무과를 통해 여러 주군의 수령을 맡았다. 가는 곳마다 백성과 나라를 위해 힘을 다하니 매번 치적을 이루었으며, 당시에 조정의 의논에서는 장군으로 대우하였다. 불행히 중한 옥사에 휘말리어 치대(置對)[28]되었으나, 고윤(高允)[29]의 정직함과 같았으므로 임금이 처음에는 그 죄에 따라 죄를 주었다가 오래지 않아 용서하고 방환하고 근무연한을 인정하여 군수에 제수하였다. 곧 전라도 병마절도사로 발탁하였다가 한 해를 넘기지 않고 통제사에 제수하였으니 이는 그가 속이지 않음을 칭찬한 것이었다. 성상께서 세상을 격려하시는 것이 이와 같으니 신하된 자 누군들 그를 위하여 죽기를 원하지 않겠는가.

안타깝게도 공은 이미 늙었으며, 흥해에서 이어지고 있는 것도 다만 공의 말단일 뿐이다. 그러나 또한 농사의 근본을 알고 백성을 부지런히 다스렸다고 할 수 있으니, 백성의 칭송이 줄어들지 않는 것이다. 군민들이 전에 벌써 비석을 다듬어서 공의 치적을 기록하려고 하였으나 글을 갖추지 못하였었다. 그 20여 년 뒤에 내가 마침 이 군의 군수가 되었으므로 여러 사람의 청을 따라 기록하였다. 칭송하는 말이 사치할 필요가 없으나, 특별히 공이 임금께서 알아주심을 입었다는 것은 기록하여 흥해 사람들에게 알리고자 한다.

---

28 치대(置對) : 의금부나 국청(鞫廳) 등에서 직접 심문하여 답변하게 하는 일 또는 심문을 받아 답변하는 일을 말한다.

29 고윤(高允) : 위(魏)나라 사람으로 태무제(太武帝) 때에 저작랑(著作郎)으로서 최호(崔浩)와 함께 국사(國史)를 편수하면서 왕실의 선대에 관한 불미한 사실을 미화하지 않고 직필(直筆)한 일이 뒤에 밝혀져 태무제의 노여움을 샀다. 이 일로 최호는 옥에 갇혔고, 고윤도 처벌을 받을 형편이었는데 이실직고함으로써 정직하다는 칭찬을 받고 마침내 풀려나게 되었다.《小學 善行》

上之十年丙午 五月 日 지금 임금의 10년 병오(1786) 5월 일

郡守昌寧成大中謹記 군수 창녕 성대중[30] 삼가 씀

築堤監官閑良金信得 제방을 쌓은 감관 한량 김신득

竪石都監折衝崔奎炯 돌을 세운 도감 절충 최규형

김영수(金永綬, 1716~1786)

조선 후기의 무신이다. 본관은 안동이고 자는 중약(仲若)이다. 1744년(영조 20) 무과에 급제하였으며, 1762년 흥해군수를 거쳐 김해부사(金海府使)로 있다가 1773년(영조 49) 전라좌도수군절도사로 임명을 받았다. 1778년(정조 2) 남도병마절도사를 거쳐 12월 제주목사에 부임하였다. 제주목사를 거쳐 함경도병마절도사로 재임하면서 치부 사건으로 잠시 금갑도(金甲島)에서 유배생활을 하였으나 곧바로 홍충도병마절도사(洪忠道兵馬節度使)로 나갔다가 1785년(정조9)에 삼도수군통제사(三道水軍統制使)에 임명되어, 부임한 지 반년 만에 병사(病死)하였다. 여수 호좌수영수성창설사적비(麗水湖左水營守城創設事蹟碑)에 김영수의 공적이 남아 있다. 제주목사 재임 당시 관덕정 들보에 쓴 「탐라형승(耽羅形勝)」은 김영수가 65세에 쓴 글씨이며, 친필인 「환선대(喚仙臺)」와 그 옆

---

30 성대중(成大中) : 1732(영조 8) ~ 1809(순조 9). 본관은 창녕이고 자는 사집(士執)이며 호는 청성(靑城)이다. 1756년 문과에 서얼통청으로 급제하여 일본통신사를 다녀왔고, 1784년 흥해군수로 선정을 베풀었다. 이후 정조의 극진한 보살핌에도 불구하고 신분적인 한계에 묶여 부사(府使)의 벼슬에 그쳤다. 북학사상(北學思想)에 경도하여 홍대용(洪大容)·박지원(朴趾源)·이덕무(李德懋)·유득공(柳得恭)·박제가(朴齊家) 등과 교유하면서 이들에게 가학(家學) 및 스승 김준(金焌)에게서 전수받은 상수학적(象數學的)인 학풍을 발전적으로 계승, 전달하여 북학사상 형성에 일익을 담당하였다. 저서로는 『청성집(靑城集)』 10권 5책이 있다.

에 절구(絶句) 한 수를 초서로 써 넣은 마애명이 현재 방선문 안쪽 바위에 전하고 있다.

[행적]

- 『승정원일기』 영조 20년(1744) 9월 22일
  김영수(金永綬)를 부사정(副司正)으로 삼았다.
- 『승정원일기』 영조 35년(1759) 7월 19일
  김영수를 안흥 첨사(安興僉使)로 삼았다.
- 『승정원일기』 영조 37년(1761) 1월 24일
  흥해 군수(興海郡守) 김영수가 출발하였다.
- 『승정원일기』 영조 39년(1763) 6월 20일
  김영수를 평산 부사(平山府使)로 삼았다.
- 『승정원일기』 영조 39년(1763) 9월 24일
  홍봉한(洪鳳漢)이 아뢰었다.
  "제언(堤堰)이 농사에 유관함이 어떠합니까. 그런데 조정에서 전후로 신칙하였는데 수령들이 마음쓰지 않는 경우가 많아서 신은 늘 이상하게 생각했습니다. 작년에 전 흥해군수 김영수(金永綬)는 몸소 제방을 쌓는 곳에 나아가 백성을 인솔하고 힘쓰기를 독려하여 며칠 내로 8곳의 제방을 쌓았습니다. 이번 봄에 농민들은 그 힘을 많이 입었습니다. 진실로 여러 고을의 수령들이 정성을 다하여 공부를 수행하는 것이 모두 이와 같다면 자잘한 가뭄이 어찌 근심하겠습니까?"
- 『영조실록』 영조 47년(1771) 4월 3일
  김영수를 전라 우수사(全羅右水使)로 삼았다.
- 『정조실록』 정조 2년(1778) 11월 27일

김영수를 제주 목사(濟州牧使)로 삼았다.

• 『정조실록』 정조 9년(1785) 11월 21일

  김영수를 삼도 수군통제사(三道水軍統制使)로 삼았다.

公來何暮 下車鐲徭 漕除海供 修洑防歉 賓館改槀
己丑之妬 女無柴口 罷汰倉謬 徒流峙糧 峽戶均酤

郡守兪公膺煥善政去思碑

干調屏息 蘇瘼之政 申明尺籌 勞勤實多 三載五星 ○○○ 胡敢忘諸
訟決平剖 最在量歉 勘正帳部 功利斯久 治成秩守 ○○○ 道 誌石不朽
○○○
○

(좌측면)
崇禎四壬辰 四月 日 立
監役朴昌老金致一

주소 : 경상북도 포항시 북구 흥해읍 신흥로 861번길 47-18
지번 : 경상북도 포항시 북구 흥해읍 마산리 517
위치 : 청덕사
높이×넓이×두께 : 114×51×17.7cm
비좌 : 기단형 / 비개 : 81×52×17, 운문 보주 통단
기타 : 하단에 마모 심함

[문면 해석]

郡守兪公膺煥善政去思碑 군수 유응환공 선정 거사비

公來何暮 공이 오시기가 어찌나 늦었는지

己丑之姤　기축년 오월[31]이었네

下車鐲徭　부임하자말자 요역을 없애니

女無柴口　여자가 나무해야하는 집이 없었네

漕除海供　조운에는 해민의 공출을 제거하고

糶汰倉謬　환곡에는 창고의 잘못을 없앴네

修洑防歛　보를 쌓되 잡세 징수를 막았고

徒流峙糗　유랑자를 위해 양식을 준비했네

賓館改梟　객관을 고치고 제도를 바로잡으며

峽戶均酺　산중 집집까지 경로행사 균등했네

○○○○　(…)

○○○○　(…)[32]

干謁屛息　청탁하는[33] 자는 숨을 죽이고

訟決平剖　송사를 판결함은 평이하고 확실했네

蘇瘝之政　백성의 고통을 없애는 정치는

最在量畝　양전 사업이 가장 중요하므로

申明尺籌　땅을 재는 잣대를 거듭 밝히고

勘正帳部　장부를 살펴서 바로잡았네

勞勤實多　노고는 수고롭고 실적이 많으니

功利斯久　공적과 이로움이 이처럼 장구하네

31　오월 : 5월은 순양(純陽)인 건괘(乾卦)를 막 지나서 하나의 음(陰)이 초효(初爻)에 생기는 구괘(姤卦)에 해당하기 때문에 이렇게 말한 것이다.

32　이 글은 이효상(李孝相)의 『일재집(逸齋集)』에 약간의 출입이 있는 상태로 실려 있다. 그 책에 의하면, 이 부분에는 "장막을 포상하는 폐단을 없앴고, 종이를 사들이다 포흠난 것을 메꿨네[弊鐲帷賞 逋塡紙貿]"가 있다.

33　청탁하는 : 원문의 간알(干謁)은 사사로운 일로 임금이나 윗사람을 뵙고 청탁하는 일을 가리킨다.

三載五星 삼년 오년을 계시는 동안

治成秩守 다스림은 이루어지고 질서는 지켜졌네

○○○道 (…)

○○○○ (…)[34]

胡敢忘諸 어찌 감히 이를 잊으리오

誌石不朽 돌에 새기나니 썩지 않으리

崇禎四壬辰 四月 日 立 숭정4임진년(1832) 4월 일 세움

監役 朴昌老 金致一 감역 박창로 김치일

유응환(兪膺煥, 생몰년 미상)

조선 후기의 무신이다. 1829년 흥해 군수로 부임하여 1831년 경주 영장으로 가면서 이임하였다.

[행적]

• 『승정원일기』 순조 3년(1803) 8월 1일

　북도 참군(北道參軍) 유응환(兪膺煥)

• 『승정원일기』 순조 27년(1827) 6월 25일

　유응환을 감찰(監察)로 삼았다.

• 『승정원일기』 순조 29년(1829) 5월 21일

　유응환을 흥해 군수(興海郡守)로 삼았다.

• 『비변사등록』 순조 30년(1830) 11월 22일

---

34 『일재집』에는 "사대부와 남녀가 길을 막았고, 이웃 고을에서도 바라보았네 [士女遮道 隣境額手]"가 있다.

남공철(南公轍)이 아뢰었다.

"경상감사 이면승(李勉昇)의 장계로 인하여 흥해군(興海郡)의 양전(量田) 문제를 우선 정지하게 하고, 백성들의 힘이 조금 펴지기를 기다리도록 연석(筵席)에서 아뢰고 행회(行會)하였습니다. 또 도신의 장계 내용을 보니, 당해 군수 유응환(兪膺煥)의 첩정(牒呈)을 낱낱이 들며 이르기를, '본군의 개량(改量)은 처음에 백성들의 원으로 인하여 누차 강구하였고 달포나 경영하여 소임을 선발한 지 오래이며, 재물을 구획하는 데 방도가 있고 양전을 시행하는 데 적임자가 있으며, 공억(供億)에 백성들의 힘을 번거롭게 함이 없으므로 경계를 지나가는 북운(北運)에 지금 굳이 구애될 것이 없으니 특별히 시험해 보는 것이 좋겠고, 실효가 있다는 증험이 있으면 역시 풍문이 있어 흥기(興起)되어 차례로 거행이 될 것입니다. 각 고을 당해 군(郡)의 개량을 다시 묘당에서 품지하여 분부하게 하소서.' 하였고, 이에 묘당에서 충분히 상의하여 다시 품처하라는 명이 계셨습니다."

"그렇게 하라."

• 『승정원일기』 순조 31년(1831) 12월 25일

유응환을 경주 영장(慶州營將)으로 삼았다.

1.1.17 흥해군수 이응권 선정비

郡守李公應權善政碑

確立素操 羅精賦均
永綏其政 家謠戶頌
嫛斯炬脫 千古遺愛
奸自屏息 一片短石
崇禎四壬子 五月 日

주소 : 경상북도 포항시 북구 흥해읍 신흥로
　　　861번길 47-18
지번 : 경상북도 포항시 북구 흥해읍 마산리 517
위치 : 청덕사
높이×넓이×두께 : 111.3×26.7×14.5cm
비좌 : 매몰 / 비개 : 61×53×37, 옥개형 별석

[문면 해석]

郡守李公應權善政碑 군수 이응권공 선정비

確立素操 본디 가진 절조를 확고히 세우시고

永綏其政 그 정사로 길이 이으셨네

羅精賦均 환곡은 정밀하고 세금은 공평하니

家謠戶頌 가가호호 칭송하는 노래를 불렀네

嫛斯炬脫 사특한 자들은 사라지고 달아나고

奸自屛息 간교한 자들은 숨을 죽였네

千古遺愛 천고에 남기신 이 사랑을

一片短石 한 조각 작은 돌에 새기네

崇禎四壬子 五月 日 숭정4임자년(1852) 5월 일

이응권(李應權, 1809 ~ ?)

조선 후기의 무신이다. 본관은 덕수이고 아버지는 영장 이윤수(李允秀)이다. 1836년(헌종 2)에 무과에 급제하여 군수를 지냈다. 1850년 흥해 군수로 부임하여 1854년 대구 영장으로 가면서 이임하였다.

[행적]

• 『승정원일기』 헌종 14년(1848) 12월 22일
  이응권을 훈련원 주부(主簿)로 삼았다.

• 『승정원일기』 철종 1년(1850) 4월 19일
  이응권을 흥해 군수(興海郡守)로 삼았다.

• 『경상좌병영계록』 철종 2년(1851)
  시취한 일입니다. 올해 신해년조 도내(道內)의 각 읍에서 초초한 마병들을 신의 영하에서 합시하는 일을 이달 초3일에 설행하기로 날짜를 가려잡은 연유는 이미 치계하였거니와, 동(同) 마병들의 합시를 신의 영 우후(虞候)인 이한용(李漢容)과 흥해 군수(興海郡守) 이응권(李應權)을 시관(試官)으로 차정(差定)하여 정한 날짜에 따라 함께 입회하여 시취하였습니다. 계획(計劃)과 시수(矢數)는 《대전통편(大典通編)》에 실린 내용에 따라 1등 1인,

2등 1인, 3등 1인을 가려 뽑아서 그들의 역(役), 성명, 나이, 본
관, 거주지, 시수(矢數) 등을 뒤에 벌여 적었습니다.

• 『승정원일기』 철종 5년(1854) 12월 25일
   이응권을 대구 영장(大丘營將)으로 삼았다.

1.1.18 흥해군수 권의 선정비(2)

郡守權公頋吏廳貿易革罷碑

吏供官貿　添固贅濫　公來何暮　耀耀精蠡　爰及吏貿
劃自卜戶　微若多又　蘇我民瘼　稅課詳約　考例斯惻

添付工庫　結剩掾頌　藥祛白取　回頓作笑　樹珉銘恩
貿從時直　紬惠奴稱　草蠲濫徵　若擔解肩　於祝萬年

주소 : 경상북도 포항시 북구 흥해읍 신흥로 861번길
　　　 47-18
지번 : 경상북도 포항시 북구 흥해읍 마산리 517
위치 : 청덕사
높이×넓이×두께 : 112.5×46.8×15.5cm
비좌 : 매몰 / 비개 : 81×47×33, 옥개형 별석
기타 : 옥개 뒷부분 파손

[문면 해석]

郡守權公頋吏廳貿易革罷碑　군수 권의공 이청 무역 혁파비

吏供官貿　관리들이 관청에 물품을 사들이면서

劃自卜戶　마음대로 호구를 지정하였으므로

添固贅濫　잡세와 남징이 점차 굳어져

微若多又　미약한 백성이 더욱 괴로웠네

（후면）
吏廳貿易添價數
壯紙六十束錢四十二兩厚紙一百二十束錢三十六兩白紙一百八十束錢十八兩
水荏三石三斗錢二十二兩四戔黃蜜十二斤錢四兩八戔芝草五斗六升錢六兩七
戔二分木花春四十斤錢四兩三戔夏二十斤錢二兩三戔四分秋六十斤錢二兩六
戔冬八十斤錢三兩五戔外紬三疋十三尺四寸錢十六兩六戔八分內紬三疋十三
尺四寸錢十五兩二分眞荏四石十二斗錢五十二兩六戔生淸十二斗錢七兩五戔莞草
乾柿二十貼錢九兩六戔銀口魚二級錢三戔花紋四重席二件錢四十八兩
席十四立錢九兩一戔合錢三百一兩六戔六分割付工房從時價貿用
崇禎紀元四甲辰 孟冬
堅石昔戶長 鄭台鉉
吏房 崔仁耆
色吏 李景海 崔晚成

公來何暮 공이 오시기는 이렇게 늦었지만

蘇我民瘼 우리 백성의 고통을 씻어 주었네

耀糴精覈 환곡 출납은 정밀하고 엄격하며

稅課詳約 세금 부과는 상세하고 검약했네

爰及吏貿 관리들이 물품을 사들이는 데 대해서

考例斯惻 전례를 살피고 측은히 여겼네

添付工庫 공방의 창고에 붙여 두고는

貿從時直 당시의 가격으로 사들이게 했네

結剩掾頌 농지세가 남으니 관리들이 칭송하고

紬惠奴稱 명주 징수 혜택에는 관노도 칭송하네

藥祛白取 관리에게는 명색없이 취함이 없어지고

草蠲濫徵 백성에게는 지나친 징수가 없어졌네

回嚬作笑 찡그린 얼굴에 웃음꽃이 피니

若擔解肩 어깨에 진 짐을 풀어주신 듯

樹珉銘恩 돌을 세워 은혜를 새기면서

於祝萬年 천만년 되도록 축원하리라

[후면]

吏廳貿易添價數

壯紙六十束 錢四十二兩 厚紙一百二十束 錢三十六兩 白
紙一百八十束 錢十八兩 水荏三石三斗 錢二十二兩四戔 黃
蜜十二斤 錢四兩八戔 芝草五斗六升 錢六兩七戔二分 木花
春四十斤 錢四兩三戔 夏二十斤 錢二兩三戔四分 秋六十斤
錢二兩六戔 冬八十斤 錢三兩五戔 外紬三疋十三尺四寸 錢
十六兩六戔八分 內紬三疋十三尺四寸 錢十五兩二分 眞荏
四石十二斗 錢五十二兩八戔 生淸十二斗 錢四十八兩 乾柿
二十四貼 錢九兩六戔 銀口魚二級 錢三戔 花紋四重席二件
錢七兩五戔 莞草席十四立 錢九兩一戔 合錢三百一兩六戔
六分 劃付工房 從時價貿用

이청에서 사들이는 데 더할 액수

장지 60묶음 금액 42냥, 후지 120묶음 금액 36냥, 백지 180묶음 금액 18냥, 생깨 3섬 3말 금액 22냥 4전, 황밀꿀 12근 금액 4냥 8전, 지초 3말 6되 금액 6냥 7전 2푼, 목화 봄 40근 금액 4냥 3전, 여름 20근 금액 2냥 3전 4푼, 가을 60근 금액 2냥 6전, 겨울 80근 금액 3냥 5전, 겉감명주 3필 13자 4치 금액 16냥 6전 8푼, 안감명주 3필 13자 4치 금액 15냥 2푼, 참깨 4섬 12말 금액 52냥 8전, 생청꿀 12말 금액 48냥, 곶감 24첩 금액 9냥 6전, 은어 2두름 금액 3전, 화문사중석 2건 금액 7냥 5전, 왕골자리 14닢 금액 9냥 1전. 합계금액 301냥 6전 6푼을 정하여 공방에 붙여두고 시가에 따라 사서 쓸 것

崇禎紀元四甲辰 孟冬 숭정기원 3갑진년(헌종 10, 1844) 10월

竪石뿐 戶長 鄭台鉉 비석을 세울 때의 호장 정태현

吏房 崔仁耉 이방 최인구

色吏 李景海 崔晚成 색리 이경해 최만성

[인적사항] : 전술함

[행적] : 전술함

門褒多賢　弊革里結
色烹小鮮　利蒙堤川
行郡守柳公丞魯淸德不忘碑
撫下一視　載其淸淨
用中兩端　永世難諼
光緖辛巳　五月　日

주소 : 경상북도 포항시 북구 흥해읍 신흥로 861번길 47-18
지번 : 경상북도 포항시 북구 흥해읍 마산리 517
위치 : 청덕사
높이×넓이×두께 : 101.5×35.5×11cm
비좌 : 매몰 / 비개 : 결실
기타 : 설립 연월일이 우측 하단에 있음

[문면 해석]

行郡守柳公丞魯淸德不忘碑 행군수 류승로공 청덕 불망비

門褒多賢 아문에는 많은 현인을 포상하고

色烹小鮮 관청색은 작은 생선 삶듯[35]했네

弊革里結 마을마다 농지의 폐단을 혁파하고

利蒙堤川 하천에 둑을 쌓아 이익을 입혔네

撫下一視 아랫사람 돌보기를 한결같이 하여

用中兩端 양 끝을 잡아서 중용을 적용했네[36]

載其淸淨 그 청정하심을 여기 싣노니

永世難諼 영원토록 속일 수 없으리라

光緒辛巳 五月 日 광서 신사년(고종 18, 1881) 5월 일

류승로(柳丞魯, 1832~?)

조선 후기의 무신이다. 본관은 진주이고 자는 공후(公後)이다. 1853년 정시(庭試) 무과(武科)에 급제하여 벼슬에 나왔다. 선전관 등의 무관직에 재직하다가 1877년 흥해 군수로 부임하였다.

---

35 작은 생선 삶듯 : 《노자(老子)》에 "큰 나라를 다스리는 자는 마치 작은 생선을 삶 듯이 해야 한다.〔治大國者 若烹小鮮〕"라고 한 데서 온 것이다. 생선을 삶을 때에 가만히 다루어야 온전한 모양을 유지할 수 있듯이 백성을 다스리는 것도 그와 같아야 한다는 뜻이다. 그래서 치국편민(治國便民)의 이치를 나타내는 말로 쓰이며, 또 그 이치를 잘 이루어내는 정치적 재능을 가리키는 말로 쓰인다.

36 양 끝을 …… 적용했네 : 《중용장구》제6장에 공자가 순 임금의 덕을 칭송하여 "순 임금은 큰 지혜이실 것이다. 순 임금은 묻기를 좋아하시고 비근한 말씀을 살피기 좋 아하시되, 남의 악을 숨겨주고 선을 드러내시며, 두 끝을 잡으시어 그 중(中)을 백 성에게 쓰셨다. 이것이 순 임금이 되신 까닭이다.〔子曰 舜其大知也與 舜好問而 好察邇言 隱惡而揚善 執其兩端 用其中於民 其斯以爲舜乎〕"라고 한 것을 인 용했다.

- 『승정원일기』 고종 1년(1864) 6월 21일
  유승로(柳丞魯)를 무신 겸 선전관(武兼宣傳官)으로 삼았다.
- 『승정원일기』 고종 13년(1876) 11월 1일
  의정부가 아뢰었다.
  "본부 공사관 유승로(柳丞魯)가 부지런히 근무하여 재차 15개월
  이 찼습니다. 규례에 의거하여 승서(陞敍)하거나 수령에 제수하
  라는 전지를 받들어 시행하는 것이 어떻겠습니까?"
  "윤허한다."
- 『승정원일기』 고종 14년(1877) 12월 20일
  유승로를 흥해 군수(興海郡守)로 삼았다.
- 『승정원일기』 고종 18년(1881) 7월 12일
  유승로를 경상좌병우후(慶尙左兵虞侯)로 삼았다.

郡守李公愛民善政碑

康熙四十五年 丙戌 四月 日
(후면)

完堤碑記
郡南一舍許玉山院後督○可堤而張
○其堤日完堤蓋取完久完人等立完
○○敬云銘曰

○親行○既特許舉役仍使鄉人之在院可
○日○行賞以勵役丁大小戮力超○而○德
○山人故所以名○記示永久太守
○有日○貫完山李○尚說
太守莅郡之越明年春既
○捐俸若干○其後既始未完
○作良田○樂○
○近之利

倡首崔○
○○仁侯
○○募力迤 太守之仁 歸○土利 人之○ 永顧勿刮

可堤以防 力諶未遑 一
○○哉 太守不有 土利無說 於千萬年

郡南有麓 久謀營始

주소 : 포항시 남구 연일읍 자명로 334-3
지번 : 포항시 남구 연일읍 학전리 194-3
위치 : 28번 국도 칠전교 육교 교차지점 다리 밑
높이×넓이×두께 : 109×59.5×22.5cm
비좌 : 신설 / 비개 : 87×58×27 통단원당형
기타 : 28번 국도 다리밑에 있으며 이끼가 많이 끼어서 판독이 어려움

郡守李公愛民善政碑 군수 이공 애민선정비

康熙 四十五年 丙戌 四月 日 강희45년(1706) 병술 4월 일

[후면]

完堤碑記

郡南一舍許 玉山院後麓 督○可堤而張 ○○○○○○
○ 太守莅郡之越明年春 ○○○○親行○○ 旣特許擧役 仍
使鄕人之在院 可○○ 捐俸○○若干 ○○其後旣始未完 ○
○○○○○ 行賞以勵役丁 大小戮力 超○○ 不數月告成 ○
○○○○○作良田 樂○○○ 其堤曰完堤 蓋取完久完固
之○ 而○○○山人故所以名 ○○有日近之○○之利 ○○
○○○○○○ 築堤人等 立完○○德○○記示永久 太守
○○○貫完山李○尙說○○○○○○○○敬云銘曰

  倡首 崔○○

완제비기

  군의 남쪽 30리[37] 남짓에 있는 옥산원의 뒤 언덕 독○은 제방을 쌓을 만하게
펼쳐져 있다. … 태수가 군에 부임한 다음 해에 … 친히 가서 … 부역을 시작하
도록 특별히 허락하였다. 이어서 옥산원에 있는 시골 사람들 중에서 …할 수 있
는 자들에게 …. 자신의 봉급을 내고 … 약간으로 … 그 뒤에 시작하고도 완성하
지 못하였더니 … 상을 주면서 일꾼들을 격려하였다. 대소 인민이 힘을 다하여
… 몇 달이 안 되어 완성하였다. … 좋은 농토를 만들게 되니 …를 즐겼다. 그 제

---

37 30리 : 거리 단위로 1사(舍)는 대체로 30리 가량을 가리킨다.

방을 완제(完堤)라고 하였으니, 이는 완전히 오래 견디고 완전히 견고하라는 …
산중 사람들이 그 때문에 이름지은 것이다. …에도 … 가까움이 …의 이로움이
라는 말이 있다. … 제방을 쌓은 사람들이 완○○을 세워 덕을 기록하여 영구히
보이려고 하였다. 태수 …의 본관은 완산이씨이며 … 상열(尙說)이다. …경이라
고 한다. 명을 지었다.

郡南有麓　군의 남쪽에 언덕이 있는데
可堤以防　둑을 쌓아 제방을 만들 만했네
久謀營始　오래 의논하고 시작하려 했지만
力詘未遑　힘이 부족하고 겨를이 없었네
○○仁侯　○○어진 원님
一○○○　한 번 (…)
○○○○　(…)
○募力迤　○ 모으자 힘써 달려왔네
○○○哉　(…)로다
太守之仁　태수의 어짊이여
太守不有　태수가 계시지 않았으면
歸○土利　농토의 이로움을 … 돌리리
土利無說　농토의 이로움은 말이 없지만
人之○○　사람의 (…)
於千萬年　천만년이 지나도록
永顧勿刮　길이 돌보리니 마모하지 말지어다

[인적사항] : 전술함
[행적] : 전술함

1 · 2

관찰사 흥해

경상도관찰사 김이재 선정비

哲人究惠　蠢兹船格　亟察退隱　刪削萊米　酌減謝恩
溟海無極　亦我氓籍　以解倒植　剗却統租　廣闢海途
海監雜費　滌頻革謬　昔公未來　凋瘵畢祛　俾也可忘
亦廢舊橫　冀獲復蘇　謂○奔逋　迓命續息　有睆斯石

觀察使金相公履載永世不忘碑

（좌측면）
嘉慶二十六年　庚辰　五月　日

주소 : 경상북도 포항시 북구 흥해읍 한동로 51
지번 : 경상북도 포항시 북구 흥해읍 성내리 39-8
위치 : 영일민속박물관 동편
높이×넓이×두께 : 153×51×20cm
비좌 : 신설 / 비개 : 결실

[문면 해석]

觀察使金相公履載永世不忘碑
관찰사 김이재상공 영세불망비

哲人究惠　현철한 분의 지극한 은혜

溟海無極　저 바다처럼 끝이 없도다

蠢兹船格　뱃사람의 등급을 변경하였고

亦我氓籍　우리 백성도 호적을 정리하였네

亟察遐隱　지방의 숨은 고통 금방 살피시고

以解倒植　거꾸로 매달린 괴로움을 풀어주셨네

刪削萊米　동래로 가는 쌀을 깎아주시고

剝却統租　통영으로 가는 세금 없애 주셨네

酌減謝恩　사은품을 살펴 줄여주셨고

廣闢海途　바닷길을 널리 열어주셨네

海監雜費　바다를 감독하는 여러 잡비들이나

亦廢舊模　또한 옛 악법도 폐지하셨네

滌頻革謬　잦은 것은 없애고 틀린 것은 혁파하니

冀獲復蘇　다시 소생할 것을 기대하였네

昔公未來　공께서 오시기 전까지는

謂○奔逋　도망하는 자들도 … 했지만

凋瘵畢袪　백성의 괴로움을 다 드러내자

迓命續息　새생명을 맞아 숨을 쉬게 되었네

俾也可忘　이 일을 어찌 잊을 수 있으리

有晥斯石　이 돌에 이렇게 환하게 있는데

嘉慶二十六年庚辰五月日　가경 26년(1820)[38] 경진 5월 일

김이재(金履載, 1767~1847)

조선 후기의 문신이다. 본관은 안동이고 자는 공후(公厚)이며

38　중국 청나라 인종(仁宗)의 가경(嘉慶) 연호는 1876년부터 1820년까지 25년간이
다. 인종은 1820년 7월 25일 사망했다. 그런데 간지의 경진년은 1820년이며 이
해는 가경 25년에 해당된다. 아마 즉위년을 겹쳐 계산하는 방법으로 기산한 연호
인 듯하다.

호는 강우(江右)이다. 할아버지는 대사간 김시찬(金時粲)이고, 아버지는 김방행(金方行)이며, 어머니는 심황(沈鐄)의 딸이다. 형이 우의정 김이교(金履喬)이다.

1789년(정조 13) 진사가 되고, 1790년 증광 문과에 병과로 급제, 초계문신(抄啓文臣)에 발탁되고, 검열(檢閱) 지평(持平)을 거쳤다. 1799년 수찬(修撰)으로 있을 때 시파(時派)로서 벽파(僻派) 죄인이던 정처(鄭妻)의 석방 명령을 거두어줄 것을 네 번이나 상계(上啓)하였다. 이듬해 상소로 인해 언양현(彦陽縣)에 유배되었다가 다시 고금도(古今島)에 안치되었다. 1805년에 풀려나 대사간 이조참의 경상도관찰사 대사성 이조참판을 역임하였다. 이어 행호군 대사헌 공조판서 형조판서 한성부판윤 좌참찬 예조판서 이조판서까지 이른 뒤 기로소(耆老所)에 들어갔다.

그 뒤에도 계속 좌부빈객 대사헌 형조판서 예조판서를 역임하였다. 1839년(헌종 5)에 시파와 벽파간의 논쟁으로 경기도 변방에 유배되었다가 풀려나와 다시 상호군 공조판서 이조판서를 지냈다. 시호는 문간(文簡)이다.

[행적]

- 『정조실록』 정조 13년(1789) 기유 11월 10일
  반궁(泮宮)에서 감제(柑製)를 설행하였다. 수석을 차지한 진사 김이재(金履載)를 전시(殿試)에 직부(直赴)하게 하였다.
- 『순조실록』 순조 즉위년(1800) 12월 29일년
  이조 판서 이만수를 공박한 상소를 올린 김이재를 언양현으로 유배하였다. 다시 탄핵을 받았으므로 강진현 고금도에 유배하였다.

1.2.2 경상도관찰사 조강하 선정비

觀察使趙相國康夏淸德善政碑

南國旬宣　矩絜袪瘼
東郡政績　條定息羅
三載棠陰　銘恩鑴化
一方海域　不磷斯石
〈좌측면〉
甲申 十一月 日

주소 : 경상북도 포항시 북구 흥해읍 한동로 51
지번 : 경상북도 포항시 북구 흥해읍 성내리 39-8
위치 : 영일민속박물관 동편
높이×넓이×두께 : 114×39.5×15cm
비좌 : 신설 / 비개 : 결실

[문면 해석]

觀察使趙相國康夏淸德善政碑 관찰사 조강하상국 청덕선정비
南國旬宣 남국을 관찰사[39]로 돌보셨으며

39　관찰사 : 원문의 순선(旬宣)은 『시경(詩經)』「대아(大雅) 강한(江漢)에, "임금이
　　소호에게 명하시어 정사를 두루 펴라 하시다.〔王命召虎 來旬來宣〕"라고 한 데서
　　유래하여, 지방관이 되어 왕정(王政)을 펴는 것을 말한다. 순(旬)은 두루 다스린다
　　는 뜻으로 순(巡)과 통한다. 우리나라에서는 관찰사의 임무를 뜻하는 말로 쓰이며
　　선정비류에서 자주 쓰이는 말이다.

東郡政績 동군에서 정사의 실적이 있었네

矩絜袪瘼 백성의 고통을 헤아리고 재어서

條定息糴 조례를 정하고 환곡을 안정했네

三載棠陰 삼년 동안 임지에서 선정[40]을 펴시니

一方海域 바닷가 구역도 그중 한 곳이었네

銘恩鐫化 은혜에 감명하여 교화를 새기나니

不磷斯石 부서지지 아니할 여기 이 돌이로다

甲申十一月日 갑신년(1884) 11월 일

조강하(趙康夏, 1841~?)

조선 말기의 문신이다. 본관은 풍양이고 자는 경평(景平)이다. 현령 조병석(趙秉錫)의 아들로, 조영하(趙寧夏)의 동생이며, 조대비(趙大妃)의 조카이다. 1864년(고종 1) 조대비의 일족이 대거 등용될 때 증광시에 병과로 급제하여 한림권점(翰林圈點) 관록(館錄) 도당록(都堂錄)에 잇달아 오르고, 1873년 대사성을 거쳐 부제학 이조참판을 거쳐 경기도관찰사가 되었다.

임오군란이 일어나자 대원군은 그를 전라도관찰사에 특별히 임명하였고 다시 경상도관찰사로 나갔다. 그 때 진휼을 요청하여 내탕전(內帑錢) 2만 냥과 관서곡(關西穀) 2만 석을 받았으므로

---

40 선정 : 원문의 당음(棠陰)은 감당(甘棠)나무의 그늘이라는 뜻으로 수령의 선정을 뜻한다. 주 문왕(周文王) 때 남국(南國)의 백성들이 소백(召伯)의 선정(善政)에 감사하는 뜻에서 그가 머물고 쉬었던 감당나무를 소중히 여겨서 "무성한 감당나무를 자르지도 말고 베지도 말라. 소백께서 그 그늘에 쉬셨던 곳이니라.〔蔽芾甘棠, 勿翦勿伐. 召伯所茇.〕"라고 노래하였다. 『시경(詩經) 소남(召南) 감당(甘棠)』

진주에는 그의 선정비가 세워졌다. 경관(京官)으로 있을 때에는 칭송이 없었지만, 지방관으로서 명성을 날렸다. 내직에 들어와서도 경상도의 환곡(還穀)과 통영곡(統營穀)의 탕감을 직접 주청하기도 하였다. 1885년에 지춘추관사 공조판서 지의금부사가 되었고, 좌우포도대장이 되어 갑신정변 여당을 추국하기도 하였다. 뒤에 선혜청제조 한성부판윤 예조판서를 지냈고, 1889년 독판내무부사(督辦內務府事)가 되었다.

[행적]

• 『승정원일기』 고종 20년(1883) 11월 15일

경상 감사 조강하(趙康夏)가 천신(薦新)으로 진상할 생청어(生靑魚)를 아직 모두 잡지 못하여 기한 내에 봉진할 수 없으므로 황공하여 대죄한다는 일로 장계하였다.

"'경은 대죄하지 말라.'고 회유하라."고 전교하였다.

• 『승정원일기』 고종 21년(1884) 10월 11일

"경상 감사 조강하(趙康夏)의 장계를 보니, '송라 찰방(松羅察訪) 이희성(李喜成)은 성심을 다하여 직무를 수행하였습니다. 백성의 병폐를 곳곳마다 바로잡아 주어 역참이 점차 소생하게 되었고, 얼마 되지 않는 녹봉을 덜어 내어 가난한 백성을 구휼하여 백성들이 이에 힘입어 편안하게 되었는데, 임기 만료가 가까워지자 백성들이 그가 떠나는 것을 애석하게 여깁니다.' 하였습니다. 우수한 치적이 이와 같이 드러났으니, 송라 찰방 이희성을 장계에서 청한 대로 한 번에 한하여 유임시키는 것이 어떻겠습니까?"

"윤허한다."

1.2.3 경상도관찰사 김세호 선정비(1)

觀察使金相國世鎬善政碑

同治辛未 立

北宸 頌溢周棠

分憂北宸 頌溢周棠

司牧南土 德章漢黼

減漕紓民 口碑難容

釦廩完牒 爰壽諸石

주소 : 경상북도 포항시 북구 흥해읍 한동로 51
지번 : 경상북도 포항시 북구 흥해읍 성내리
　　　39-8
위치 : 영일민속박물관 동편
높이×넓이×두께 : 104×40×17cm
비좌 : 신설 / 비개 : 결실

[문면 해석]

觀察使金相國世鎬善政碑 관찰사 김세호상국 선정비

分憂北宸 임금님[41] 근심을 나누어[42] 지고

41　임금님 : 원문의 북신(北宸)은 임금이 계신 대궐을 가리키는 말로, 임금을 상징하
　　는 말로 쓰였다.

42　근심을 나누어 : 원문의 분우(分憂)는 임금의 근심을 나눠 갖는다는 뜻으로, 목민
　　관의 직책을 가리킨다.

제2장 선정비 읽기　129

1.2.3 경상도관찰사 김세호 선정비(1)

觀察使金相國世鎬善政碑

同治辛未 立

分憂北宸 頌溢周棠

司牧南土 德章漢黼

減漕紓民 口碑難容

釦廩完牒 爰壽諸石

주소 : 경상북도 포항시 북구 흥해읍 한동로 51
지번 : 경상북도 포항시 북구 흥해읍 성내리 39-8
위치 : 영일민속박물관 동편
높이×넓이×두께 : 104×40×17cm
비좌 : 신설 / 비개 : 결실

[문면 해석]

觀察使金相國世鎬善政碑 관찰사 김세호상국 선정비

分憂北宸 임금님[41] 근심을 나누어[42] 지고

41　임금님 : 원문의 북신(北宸)은 임금이 계신 대궐을 가리키는 말로, 임금을 상징하는 말로 쓰였다.

42　근심을 나누어 : 원문의 분우(分憂)는 임금의 근심을 나눠 갖는다는 뜻으로, 목민관의 직책을 가리킨다.

司牧南土 남녘 땅에서 백성을 다스렸네

頌溢周棠 칭송은 소공처럼[43] 관청에 넘치고

德章漢黼 덕과 문장은 한나라의 보불(黼黻)[44]

減漕紓民 조운을 덜어 백성을 편하게 하고

劃廩完牒 창고를 기울여 빚문서를 갚았네

口碑難容 말로만 전해서는 형용할 수 없으니

爰壽諸石 여기 돌에 새겨 길이 전하노라

同治辛未立 동치 신미년(1871)에 세움

김세호(金世鎬, 1806~1884)

조선 후기의 문신이다. 본관은 청풍이고 자는 치현(稚賢)이며 호는 수재(修齋)이다. 황주목사(黃州牧使) 진교(晉敎)의 아들이다.

1843년(헌종 9) 식년문과에 병과로, 1846년 문과중시에 을과로 각각 급제한 뒤 부교리(副校理)로 출사(出仕)하였다. 1850년(철종 1)에는 당시 민란이 빈발하던 경상좌도의 암행어사가 되어 예천 흥해(興海) 양산 장기(長鬐) 안동 동래 등지의 탐관오리들을 숙청하였다. 그 뒤 사간원대사헌 이조참의 이조참판을 거쳐 1869년(고종 6) 경상도관찰사가 되었다. 그 동안 저지대에 위치하여

---

43 소공처럼 : 『시경(詩經)』 「소남(召南) 감당(甘棠)」에 나오는 주(周)나라 소공 석(召公奭)과 관련된 고사이다.

44 보불(黼黻) : 예복(禮服) 위에 놓은 수를 말하는데, 보는 도끼 모양의 흑백색이고 불은 아(亞) 자 모양의 흑청색이다. 여기서는 찬란한 문장을 의미하는 말로 쓰였다. 규장(圭璋)은 옥으로 만든 예기(禮器)로 조빙(朝聘)하거나 제사 지낼 때에 사용하던 것인데, 고상한 인품을 가진 사람이나 뛰어난 재주를 가진 인재를 가리키는 말로 쓰인다.

수해가 잦았던 영일현과 진보현의 읍치(邑治)를 고지대로 옮기고, 포항진(浦項鎭)을 복설하는 대신 청천진(晴川鎭)을 폐치, 해안방비 체제를 강화하는 등의 치적을 남겼다. 그러나 1874년 민정의 규찰을 태만히 하고 훈도 이동준(李東畯)과 공모하여 변흔(邊釁)을 일으켰다는 죄목으로 경상도 암행어사 박정양(朴定陽)의 탄핵을 받아 중화(中和)로 유배되었다. 얼마 뒤 노모의 간절한 정성으로 향리로 추방된 다음 1879년 방면되었다. 이듬해 다시 기용되어 한성부판윤을 역임하였다.

[행적]

- 『승정원일기』 고종 7년(1870) 9월 15일
"방금 경상 감사 김세호(金世鎬)의 장계를 보니, '영일현(迎日縣)이 해문(海門)으로부터 10리 떨어진 곳에 있다 보니 강물이 들어와 마을이 잠기는데, 장맛비가 조금만 와도 마치 큰물을 겪은 듯합니다. 영일현 북쪽 10리쯤에 그전에 읍을 만들려던 터가 있는데, 지형이 조금 높고 들녘이 넓어서 지세로 보나 백성들의 뜻으로 보나 마을을 옮기는 것이 합당하니, 묘당으로 하여금 품지해서 분부하도록 해 주소서.' 하였습니다.

남천(南川)과 북강(北江)이 침식하여 마을을 무너뜨리므로 마을을 옮기자는 논의가 마땅히 이와 같습니다. 읍으로 만들려던 곳이 10리나 떨어진 곳에 있어서 강물의 이로움과 참호의 험준한 것이 실로 지형상의 편리함을 갖추고 있으니, 이 시점에서 읍을 옮기는 문제를 조금도 늦출 수 없습니다. 특별히 장문(狀文)의 요청에 따라 시행해서 물자를 들여다가 읍을 경영하되, 좋은 쪽으로 계획을 세워 읍의 면모를 갖추게 함으로써 백성들의 뜻에 맞게 하는 것이 어떻겠습니까?"

"윤허한다."

- 『승정원일기』 고종 7년(1870) 10월 15일

"방금 경상 감사 김세호(金世鎬)의 장계를 보니, '연일현(延日縣)
포항진(浦項津)은 바닷가에 있는 도회지였는데, 별장(別將)을 폐
지한 뒤로는 단지 감독하는 색리(色吏)만을 정해 놓고 창고만
지키게 하니 주민들은 흩어지고 변방 방어는 허술합니다. 특별
히 진장(鎭將)을 다시 설치하되 절충장군(折衝將軍) 품계의 첨사
(僉使)로 승격시키고 본영의 별파진(別破陣) 영장의 자벽과(自辟
窠)로 삼고, 청사(廳舍)를 옮겨 짓는 데 드는 물자는 본영에서 좋
은 방법을 따라 조처할 일로 묘당으로 하여금 품의하여 분부해
주소서.' 하였습니다. 해변가 8, 9백 리 사이에 위급에 대비할
믿을 것이 없고, 포구가 생긴 지 30여 년이 되었는데 또 이산
(離散)하는 폐단이 있으니 일처리의 허술함이 이보다 더할 수가
없습니다. 진장을 다시 설치해야 한다는 논의 또한 한두 번이
아니고 소요되는 물품과 노동력도 넉넉하여 마련할 방도가 있
다고 하니, 월곶(月串)이나 초지진(草芝鎭)의 전례에 따라 시행함
으로써 방수(防守)를 엄하게 하고 무예(武藝)를 장려하는 기틀로
삼는 것이 어떻겠습니까?"

"아뢴 대로 하라."

- 『승정원일기』 고종 8년(1871) 6월 11일

경상 감사 김세호(金世鎬)가 장계한 '연일현(延日縣)의 고을 터를
옮겨 설치할 때 해당 현감 원우상(元禹常)이 성실한 마음으로 경
영한 것이 매우 가상하며, 감동인(監董人)들도 여러 달 동안 노
고를 하였으니 뜻을 보여 주어야 마땅할 듯하므로 논상(論賞)하

는 한 가지 일을 해조로 하여금 품처하도록 해 달라는 일'을 가지고 전교하였다.

"특별히 가자하고, 영장(營將)의 이력(履歷)을 허용하라."

1.2.4 경상도관찰사 이근필 선정비

주소 : 경상북도 포항시 북구 흥해읍 한동로 51
지번 : 경상북도 포항시 북구 흥해읍 성내리 39-8
위치 : 영일민속박물관 동편
높이×넓이×두께 : 121.5×41×14cm
비좌 : 신설 / 비개 : 결실
기타 : 마모 심함

觀察使李相國根弼淸德不忘碑

蘇我南徼　惠廣落瘼
四載旬宣　淸著胡籍
民方臥轍　江漢片石
公遽露冕　萬古不薄
光緒辛巳　五月　日

[문면 해석]

觀察使李相國根弼淸德不忘碑

　관찰사 이근필상국 청덕 불망비

蘇我南徼　남녘을 순찰하여 우리를 소생케 하며

四載旬宣　사년 동안을 관찰사로 돌보셨네

惠廣落瘼　먼 지방 고통에 은혜가 넓고

清著胡籍　맑은 명성은 역사⁴⁵에 남았네

民方臥轍　백성은 아직도 고난에 있는데⁴⁶

公遽露冕　공은 갑자기 벼슬을 벗으시네

江漢片石　그리워하는⁴⁷ 마음 새긴 한 조각 돌

萬古不薄　만고를 지나도 얇아지지 않으리

光緒辛巳 五月 日　광서 신사년(1881) 오월 일

이근필(李根弼, 1816~1882)

조선 말기의 문신이다. 본관은 전의이고 자는 여해(汝諧)이다. 현서(玄緒)의 아들이다. 1852년(철종 3) 진사로서 정시문과에 병과로 급제해 1855년 승정원의 주서에 천거되었으며, 부사과 등을 거쳐 1866년(고종 3) 이조참의가 되었다.

45　역사 : 원문의 호적(胡籍)은 역사를 가리키는 말이다. 원뜻은 송나라 호안국(胡安國)의 춘추전(春秋傳)이다. 호안국은 당시 정이(程頤)의 학문에 크게 영향을 받아 송대 이학(理學)이 추구했던 '통경치용(通經致用)'의 학풍에 따라 『춘추』 해석을 시도하였다. 그는 기본적으로 『춘추』를 경세서(經世書)로 파악하였는데, 이는 『맹자』의 '대의론(大義論)'에 근본하고, 사실 여부의 해명보다 의리 내용을 중시하는 공양학풍(公羊學風)을 계승하고 있다.

46　고난에 있는데 : 원문의 와철(臥轍)은 수레바퀴 자국에 누워있다는 뜻이다. 이는 학철지부(涸轍之鮒)에서 나온 말로, 곧 수레바퀴 자국에 조금 괴어 있는 물에서 허우적거리는 붕어를 말한다. 『장자(莊子)』 「외물(外物)」

47　그리워하는 : 원문의 강한(江漢)은 『맹자』 「등문공 상(滕文公上)」의 "공자가 별세한 다음, 제자인 자하(子夏)·자장(子張)·자유(子游)가 유약(有若)이 성인(공자)과 유사하다 하여 공자를 섬기던 예(禮)로써 그를 섬기고자 해서 증자에게 강요하자, 증자가 말씀하기를 '불가하니, 공자께서는 강한(江漢)으로써 씻으며 가을볕으로써 쪼이는 것과 같아서 깨끗하고 깨끗하여 더할 수 없다.' 하셨다.〔子夏子張子游, 以有若似聖人, 欲以所事事之, 彊曾子, 曾子曰, 不可, 江漢以濯之, 秋陽以暴之, 皜皜乎不可尙已.〕"고 한 구절에서 인용한 것으로, 떠난 이를 매우 그리워하는 것을 일컫는다.

1872년 동지부사(冬至副使)로 청나라에 다녀왔다. 이조참판 형조판서를 역임하고 사헌부대사헌에 임명되었다. 1875년 한성부판윤 우참찬을 지내고 이듬해에는 예조판서를 맡았다. 1876년 황해도관찰사가 된 뒤, 이듬해 전국이 흉년인데 황해도 지방의 방곡(防穀)이 극심해 곡물의 유통이 제대로 이루어지지 못한 죄로 파면되었다가 다시 경상도관찰사로 나갔다. 경상도관찰사 재직때 영일현의 양안(量案)이 문란해 양전(量田)을 시행하였고, 조선(漕船)을 개조하였다. 또 일본인의 절영도(絶影島) 거주를 방치한 죄로 동래부사 윤치화(尹致和), 다대첨사(多大僉使) 한우섭(韓友燮)을 파면하였다. 조선(漕船)의 일본인과의 밀무역을 적극 방지하는 등 치적을 남겨 임기가 연장되었다. 1880년에 청하향교를 중수하게 하고 '열호재(悅乎齋)'라는 현판을 쓴 것이 청하중학교에 보관되어 있다.

1881년 사헌부대사헌과 한성부판윤을 역임하고, 대호군 이조판서를 지냈다. 1882년 예문관제학 대사헌을 지냈다. 시호는 효문(孝文)이다.

[행적]

• 『승정원일기』 고종 15년(1878) 11월 20일

"경상 감사 이근필(李根弼)이 장계한 내용을 보니, '도내 영일현(迎日縣)의 전답 측량을 지금 겨우 마쳤습니다. 원장부에 수록한 전답 도합 3334결 38부 7속 가운데 진전(陳田)과 잡탈전(雜頉田) 1299결 92부 2속을 제외하면 현재 경작하고 있는 전답은 2034결 46부 5속으로서, 이는 기유년에 측량한 전답보다 211결 52부 8속이 증가하였습니다. 앞으로는 새로 측량한 결수대

로 실시하도록 묘당으로 하여금 품처하게 하소서.' 하는 내용
이었습니다.

양전(量田)은 나라를 유지하기 위한 큰 정책입니다. 경비가 넉
넉하고 못한 것이 여기에 달려 있고, 백성들이 편안한 삶을 살
고 못 사는 것이 여기에 달려 있습니다. 그렇기 때문에 진전(陳
田)과 기전(起田)을 구별하고 경계를 바로잡는 것이니, 해읍의
일은 진실로 다행스럽다 하겠습니다. 도신이 청한 대로 양안(量
案)에 따라 시행하도록 분부하는 것이 어떠하겠습니까?"

"윤허한다."

1.2.5 경상도관찰사 구봉서 선정비

(觀)察使具公鳳瑞遺愛去思碑

月 日

주소 : 경상북도 포항시 북구 흥해읍 한동로 51
지번 : 경상북도 포항시 북구 흥해읍 성내리 39-8
위치 : 영일민속박물관 동편
높이×넓이×두께 : 127×58×20cm
비좌 : 귀부형 비좌 :(81×80) / 비개 : 결실
기타 : 비신 부러진 부분 접착. 마모 심함
망천리 오두 논둑에서 옮겨 옴(2018)

[문면 해석]

(觀)察使具公鳳瑞遺愛去思碑

(관)찰사 구봉서공 유애거사비

(年) 月 日 (년) 월 일

구봉서(具鳳瑞, 1596~1644)

조선 중기의 문신이다. 본관은 능성(綾城)이고 자는 경휘(景輝)
이며 호는 낙주(洛洲)이다. 이조좌랑 구변(具抃)의 증손으로, 할아
버지는 봉사(奉事) 구광원(具光遠)이고, 아버지는 군수 구계(具棨)이
며, 어머니는 전주이씨로 이기(李耆)의 딸이다. 장단의 낙하(洛河)
에서 태어나 서울에서 자랐고, 권필(權韠)에게서 시를 배웠다

1618년(광해군 10) 생원시에 2등으로 합격하고, 1624년 증광
문과에 병과로 급제하여 승문원을 거쳐 홍문관수찬(弘文館修撰)을
역임하고 정언(正言)이 되어 반정공신에 아무 공 없이 오른 사람
들을 깎아내릴 것을 강력히 주청하였다.

1631년 수찬을 거쳐 이조좌랑이 되어 박지계(朴知誡)가 주장
한 인조의 사친추숭(私親追崇)을 반대하다 체직되었다. 얼마 뒤 사
가독서하고 응교(應敎) 승지를 거쳐 병조참의가 되었다가 대간의
탄핵을 받아 서천군수 나주목사를 거쳐 1638년 전라도관찰사가
되었다. 이어 경상도관찰사를 역임하고 호조참의가 되어 비변사
제조(備邊司提調)를 겸하였다. 1644년 평안도관찰사로 재직 중 임
지에서 죽었다. 시호는 경헌(景憲)이다.

[행적]

• 『인조실록』 인조 20년(1642) 2월 21일
  경상 감사 구봉서(具鳳瑞)가 병으로 사직하였다. 이 당시 봉서의
  임기가 임박하자 상이 보리 추수까지 유임시킬 것을 하교하였
  다.
• 『인조실록』 인조 20년(1642) 3월 14일
  경상 감사 구봉서(具鳳瑞)가 치계하였다.

"본도의 기근이 이와 같이 극심하니, 조령(鳥嶺) 아래 고을의 삼색미(三色米)는 추수 때까지 기다렸다가 받아들이게 하소서."

"아울러 세미(稅米)까지 가을에 받아들이라."

- 『인조실록』인조 22년(1644) 2월 2일

평안 감사 구봉서(具鳳瑞)가 죽었다. 상이, 연로(沿路)에서 상장(喪葬) 비용을 도와주라고 명하였다. 봉서는 명민하고 문재(文才)를 지녀 청현직을 두루 거쳤으며 양남(兩南)의 감사로 나가 다 칭송과 치적이 있었고, 관서의 감사가 되어서는 공무를 물 흐르듯이 처결하여 사람들이 그 능력에 감탄하였다.

觀察使李相公箕鎭去思碑

民之活 石不朽
公之恤 名不滅

乾隆四年己未 九月 日

주소 : 경상북도 포항시 북구 흥해읍 한동로 51
지번 : 경상북도 포항시 북구 흥해읍 성내리 39-8
위치 : 영일민속박물관 정면
높이×넓이×두께 : 158×54×17cm
비좌 : 신설 / 비개 : 80×52×25, 쌍룡문 통단

[문면 해석]

觀察使李相公箕鎭去思碑 관찰사 이기진상공 거사비

民之活 백성이 살 수 있는 것은

公之恤 공의 긍휼로 인함이니

石不朽 돌이 썩지 않듯이

名不滅 이름도 불멸하리

乾隆四年己未 九月 日 건륭 4년 기미년(1739) 9월 일

이기진(李箕鎭, 1687~1755)

조선 후기의 문신이다. 본관은 덕수이고 자는 군범(君範)이며
호는 목곡(牧谷)이다.

아버지는 양구현감 당(簹)이며, 어머니는 박원만(朴元萬)의 딸이
다. 큰아버지인 삼척부사 번(蕃)에게 입양되었다. 권상하(權尙夏)
의 문인이다.

1717년(숙종 43)에 진사가 되었다. 같은 해 정시문과에 병과로
급제하여 예문관 홍문관에서 재직하였다. 1721년(경종 1) 헌납으
로 있을 때, 왕세제(王世弟)로 책봉된 연잉군(延仍君 : 뒤의 영조)에
대해 나쁜 말을 퍼뜨린 유봉휘(柳鳳輝)의 처벌을 주장하다가 신임
사화 때 파직되었다.

1724년 영조가 즉위하자 곧 등용되어 홍문관교리가 되었다.
1725년(영조 1) 승지를 지내고, 이조참의를 거쳤다. 1727년에 부
제학 등을 역임하고 강화부 유수가 되었다. 1728년 이인좌(李麟
佐) 등이 반란을 일으키자 급히 상경해 대사성에 임명되었다. 이
반란이 평정되자 다시 고향으로 내려가 있다가 1729년 다시금
직책을 맡았다. 함경도관찰사를 지내고, 이어 언관으로서 최고
직인 대사간을 지냈으며, 경상도관찰사 형조판서 경기도관찰사
등을 두루 역임하였다.

1741년에 판의금부사 이조판서를 지냈다. 1744년 홍주목사
를 거쳐 이듬 해 경기도관찰사 판의금부사를 지냈다. 이어 평안
도관찰사를 거쳐 1749년에 동지사로 청나라에 다녀왔다. 1751
년 광주부유수로 「한봉도(汗峰圖)」를 지어 올렸고, 판돈녕부사에
이르렀다. 시호는 문헌(文憲)이다.

• 『국조보감』 제61권 영조조 5

경상 감사 이기진(李箕鎭)이 조정에 하직 인사를 하려 할 때 아뢰었다.

"절의(節義)를 숭상하여 장려하는 것은 나라에 있어 소중한 바입니다. 고려 충신 길재(吉再)에게 시호를 내리고 치제(致祭)하여 격려하여 권면하는 방도로 삼으로서."

상이 일렀다.

"전답(田畓)을 내리고 대나무를 심어주어 포장(襃獎)하였지만 실의한 신복(臣僕)의 뜻이 확고하여 꺾을 수 없었다. 죽은 자도 알고 있을 것이니, 어찌 시호를 내리는 것으로 빛나게 할 수 있겠는가."

경연 신하가 아뢰었다.

"정몽주(鄭夢周)와 박상충(朴尙衷)도 모두 고려의 충신이었는데 아조(我朝)에서 시호를 내렸습니다."

상이 그렇게 하라고 하였다. 이어 해조에 명하여 세 사람의 봉사손(奉祀孫)을 녹용하도록 하였다.

觀察使李相國紀淵善政碑

糶直尚廉 籍氓息斂
捨市就詳 劃貲獲方
旣覃而澄 石面短詠
又惠而長 載賡召棠
崇禎四壬子 五月 日

주소 : 경상북도 포항시 북구 흥해읍 신흥로 861번길 47-18
지번 : 경상북도 포항시 북구 흥해읍 마산리 517
위치 : 청덕사
높이×넓이×두께 : 97×19×21cm
비좌 : 매몰 / 비개 : 71×52×30, 옥개형 별석
기타 : 옥개 앞부분이 파손됨

[문면 해석]

觀察使李相國紀淵善政碑 관찰사 이기연상국 선정비

糶直尚廉 환곡은 정직하고 청렴을 숭상하여

捨市就詳 흥정을 버리고 상세하게 하였네

籍氓息斂 백성을 호적하여 가렴주구 없어지고

劃貲獲方 재정을 계획하여 법도대로 거두었네

旣覃而澄 이미 널리 베풀어지고 맑은데다

又惠而長 또 은혜로운데 장구하기도 하네

石面短詠 돌 판에다가 짧은 노래지만

載賡召棠 관찰사님 업적을 길이 적노라

崇禎四壬子 五月 日 숭정 4임자년(철종 3, 1852) 5월 일

이기연(李紀淵, 1783~?)

조선 후기의 문신이다. 본관은 전주(全州)이고 자는 경국(京國)이다. 할아버지는 동지의금부사 명중(明中)이고, 아버지는 의열(義悅)이며, 어머니는 지중추부사 홍억(洪檍)의 딸이다. 우의정 지연(止淵)의 아우이다.

1805년 유학으로서 증광문과에 병과로 급제하여 홍문관정자가 되고, 1815년 홍문록에 등록되었다.

1822년 대사성에 이어 이조참의 대사간 한성부좌윤을 지냈으며, 1828년 강원도관찰사를 역임하였다. 1831년 가의대부(嘉義大夫)로 승진하였으며, 1833년 우승지 공조판서를 거쳐 1835년 우참찬이 되었다. 1836년 평안도관찰사로 있으면서는 사직을 허락하지 않았는데도 공무를 폐기한 죄로 삭직되었으나, 1837년 대사헌에 등용되었으며 예조판서로 안핵사(按覈使)를 겸하였다. 1838년 이조판서가 되고 1839년 호조판서가 되었으나, 1840년에 탐학하다는 탄핵을 받아 향리로 추방되었다. 뒤에 죄가 가중되어 고금도에 유배되었다가 1849년에 풀려나와 한성부판윤이 되고 이어 황해도병마사 경상도관찰사 판의금부사를 거쳐, 1852년 형조판서 등을 지내고 봉조하(奉朝賀)에 이르렀다.

- 『순조실록』 순조 27년(1827) 12월 22일
  이기연을 사간원 대사간(司諫院大司諫)으로 삼았다.
- 『헌종실록』 헌종 4년(1838) 11월 20일
  이기연을 사헌부 대사헌(司憲府大司憲)으로 삼았다.
- 『철종실록』 철종 2년(1851) 2월 11일
  이기연을 경상도 관찰사(慶尙道觀察使)로 삼았다.
- 『철종실록』 철종 2년(1851) 2월 21일
  하교하였다.
  "전후의 신칙(申飭)하는 전교(傳敎)가 간절할 뿐만이 아닌데 한
  결같이 강력히 항거(抗拒)하니, 이것이 무슨 도리인가? 경상 감
  사(慶尙監司) 이기연(李紀淵)을 바로 그 땅에 정배(定配)하라."

1 · 3

감세관 흥해

活千人　石可轉
碑萬口　名不祛
監稅官趙公國彦恤民善賑碑
公字美伯　漢陽人　雍正癸丑春
蓮幕奉　令監賑于是郡

주소 : 경상북도 포항시 북구 흥해읍 한동로 51
지번 : 경상북도 포항시 북구 흥해읍 성내리 39-8
위치 : 영일민속박물관 동편
높이×넓이×두께 : 92.5×45×20.5cm
비좌 : 없음 / 비개 : 82×52×24, 통단
기타 : 흥해읍 망천리 오두 논둑에서 옮겨옴(2018)

[문면 해석]

監稅官趙公國彦恤民善賑碑

감세관 조국언공 휼민선진비

活千人　일천 사람을 살리시니

碑萬口　일만 백성이 칭송하네

石可轉　돌은 굴릴 수 있거니와

名不祛　그 이름은 잊지 못하리

公字美伯 漢陽人 雍正癸丑春
蓮幕奉 令監賑于是郡

공의 자는 미백이며 한양인이다. 옹정 계축년(1733) 봄에 군관으로 왕명을 받들고 우리 고을에서 감진하였다.

조국언(趙國彦)
인적사항 자료 없음

[행적]
자료 없음

2 · 1

2.1.1 청하현감 김덕붕 선정비

縣監金公德鵬善政碑

（후면）

萬曆十二年 正月 日

주소 : 포항시 북구 청하면 청하로 217번길 22
지번 : 포항시 북구 청하면 덕성리 276-3
위치 : 청하면 행정복지센터 동편 담장 앞
높이×넓이×두께 : 124×48×16cm
비좌 : 신설
비개 : 59×40×52, 원당형 통단

[문면 해석]

縣監金公德鵬善政碑 현감 김덕붕공 선정비

[후면]

萬曆十二年 正月 日 만력 12년(1584) 1월 일

김덕붕(金德鵬, ?~1586)

조선 중기의 문신이다. 본관은 안동이고 자는 익보(翼甫)이다.
김수경(金壽卿)의 손자이고 김해(金澥)의 아들이며 김덕린 김덕기
김덕룡의 아우이다. 1546년 식년시에 진사로 합격하였고, 용인
의 양지현감을 지내면서 선정이 있어서 1576년 덕정비(德政碑)가
건립되었다. 청하현감을 거쳐 청도군수로 전임되어 1586년 임
지에서 별세했다.

[행적]

• 『청도군지』, 청도군, 1871, 읍재(邑宰)

김덕붕(金德鵬)은 서울 사람이다. 을유년(1585) 2월에 부임하여
병술년(1586) 3월에 관청에서 별세하였다.(金德鵬 京人 乙酉二月
到任 丙戌三月卒于官)

縣監李侯渻清德愛民善政碑

建隆三年五月日
海若成○ 於千萬春
鱗族等閑 俾也可忘
澤洽專城 究及海民
○○○○ 旬之德

주소 : 포항시 북구 청하면 청하로 217번길 22
지번 : 포항시 북구 청하면 덕성리 276-3
위치 : 청하면 행정복지센터 동편 담장 앞
높이×넓이×두께 : 114×48×15cm
비좌 : 신설 / 비개 : 75×53, 운문형 통단

[문면 해석]

縣監李侯渻清德愛民善政碑

현감 이성 원님 청덕애민선정비

○○○○ (…)

澤洽專城 은택이 온 고을에 흡족하였네

○旬之德 …… 하신 원님의 은덕이

究及海民 바닷가 백성 끝까지 이르렀네

鱗族等閑 바다의 생물들이 무심하다면

海若成○ 바다의 신이라도 …을 이루리라

俾也可忘 그들로 하여금 잊게 할 수 있으랴

於千萬春 천년이 지나고 만년에 이르도록

建隆三年五月日 건륭3년(1738) 5월 일

이성(李渻)

조선 후기의 문신이다. 본관은 연안이며 이익저(李益著)의 아들이다. 돈녕부 참봉을 시작으로 금부도사 등을 지내다가 청하에 부임했다. 청하에는 1735년 부임하여 1739년까지 재직했으며, 청백한 관직으로 포상을 받은 기록이 있다. 청하현의 기록으로는 그의 선정비가 5개처에 세워졌다고 하였으나 현재는 2건이 보존되어 있다.

[행적]

- 『승정원일기』 영조 6년(1730) 3월 25일
  이성(李渻)을 돈녕부 참봉(敦寧參奉)으로 삼았다.

- 『승정원일기』 영조 11년(1735) 5월 28일
  이성을 청하 현감(清河縣監)으로 삼았다.

- 『승정원일기』 영조 15년(1739) 6월 20일
  송인명(宋寅明)이 말했다.
  "전 경상감사의 장계 속에서, 청하현감 이성(李渻)이 도사(都事)를 모신 아전을 마구 때린 일이 있었습니다. 비록 그 사이의 곡절을 알지 못하지만 체통에 관련된 점에서는 매우 해괴한 일입니다. 그저 전례에 따라 장계를 보고 파직하고 말 수는 없으니 나포하여 심문하고 판단하여 처리하는 것이 어떻겠습니까?"

"아뢴대로 하라."

• 『승정원일기』 영조 15년(1739) 6월 23일

의금부(義禁府)에서 아뢰었다.

"청하 전 현감 이성(李渻)을 나포하여 심문하라는 전지가 내려졌습니다. 이성은 지금 공홍도(公洪道) 홍주의 본가에 있습니다. 전례에 따라 의금부 나장(羅將)을 보내어 잡아오는 것이 어떻겠습니까?"

"허락한다."

縣監李公渻清德善政碑

德若崑崗　捐俸蠲賦
清如白玉　遍及海陸

乾隆四年己未八月日

주소 : 포항시 북구 청하면 청하로 217번길 22
지번 : 포항시 북구 청하면 덕성리 276-3
위치 : 청하면 행정복지센터 동편 담장 앞
높이×넓이×두께 : 126×53×18cm
비좌 : 신설 / 비개 : 78×40, 쌍룡문 통단

[문면 해석]

縣監李公渻清德善政碑 현감 이성공 청덕선정비

德若崑崗 덕은 곤륜산처럼 높았고

清如白玉 맑기는 백옥과 같았네

捐俸蠲賦 녹봉을 덜어내어 부역을 없애니

遍及海陸 어민과 농민에게 은혜가 미쳤네

乾隆四年己未八月日 건륭 4년(1739) 기미 8월 일

[인적사항] : 전술함 / [행적] : 전술함

2.1.4 청하현감 이익영 선정비

嘉慶十九年三月日
縣監李公翼榮去思碑
除〇浦〇 民以片石
前所未能 頌德千秋

주소 : 포항시 북구 청하면 청하로 217번길 22
지번 : 포항시 북구 청하면 덕성리 276-3
위치 : 청하면 행정복지센터 동편 담장 앞
높이×넓이×두께 : 158×53×18cm
비좌 : 신설 / 비개 : 단갈형

[문면 해석]

縣監李公翼榮去思碑 현감 이익영공 거사비

除〇浦〇 바닷가의 …를 제거하시니

前所未能 이전에는 하지 못하던 일이라

民以片石 백성은 작은 돌에 새겨서

頌德千秋 천추토록 그 덕을 칭송하네

嘉慶十九年三月日 가경 19년(1814) 3월 일

이익영(李益榮, 1765~?)

조선 후기의 문신이다. 자는 경지(敬之)이고 본관은 전주이며
이상중(李相重)의 아들이다. 1786년 식년시에 생원으로 합격하였
으며, 성균관에서 공부하다가 원릉참봉으로 관직에 나왔다. 장
악원 주부와 형조좌랑을 거쳐 청하현감과 함흥판관 등의 외직을
맡았다. 청하에는 1804년에 부임하여 1808년에 부친상으로 사
직할 때까지 재직하였다.

[행적]

• 『승정원일기』 순조 2년(1802) 1월 10일
  이익영(李翼榮)을 원릉 참봉(元陵參奉)으로 삼았다.

• 『승정원일기』 순조 4년(1804) 12월 22일
  이익영을 청하 현감(淸河縣監)으로 삼았다.

• 『승정원일기』 순조 7년(1807) 11월 20일
  "경상감사 윤광안(尹光顔)이 비국에 보고한 내용을 보았더니 청
  하현감(淸河縣監) 이익영(李翼榮)의 첩정을 낱낱이 거론하고 나서
  말하기를, '청하현은 포항창(浦項倉)에 소속된 읍인데 현재의 곡
  물 수가 대미 소미는 43섬 영(零)이고 벼는 65섬 영입니다. 감
  색(監色) 고직(庫直)의 급료는 벼를 지급하는데 36섬이나 되므로
  해마다 원래의 벼가 점차 줄어들고 있어 끝내는 한 포도 남아
  나지 않겠습니다. 또 겨울과 봄에 주고 받는 것이 적지 않은 민
  폐가 되니 경주 읍 등의 전례에 의해 감색 고직에게 요로 주는
  규정을 없애고 곡물은 읍의 창고에 받아두도록 해주십시오.'
  라고 하였습니다. 당초 경주 등 5읍을 포항창에 나누어 소속시
  킨 것은 곡물을 저축해서 남북이 교제(交濟)하도록 하기 위해서

인데, 남은 곡물이 1백여 섬에 지나지 않고 매년 내어줄 것은 40섬 가까이 되니 몇 년 뒤에는 다 없어지게 생겨 일이 매우 의의가 없고 한갓 민폐만 되고 있습니다. 경주 읍 등의 전례가 있으니 올해부터는 보고한 대로 읍의 창고에 받아두라고 분부하는 것이 어떻겠습니까?"

"그리하라."

· 『승정원일기』 순조 8년(1808) 7월 2일

"경상감사 정동관(鄭東觀)의 장계에 의하면. 청하현감 이익영(李翼榮)이 아버지의 상사를 당하여 김이영(金履永)에게 전하였다 합니다. 해당 부서에 명하여 즉시 임명하도록 명하시고 날짜를 늦추지 말고 조정에 하직하게 하소서."

縣監李公純謙永世不忘碑

百廢俱興　海役隣費　捐廩鍊武　祭具極
潔
獘邑復完　力不煩民　置田興學　海弊永
革

同治十一年三月日

주소 : 포항시 북구 청하면 청하로 217번길 22
지번 : 포항시 북구 청하면 덕성리 276-3
위치 : 청하면 행정복지센터 동편 담장 앞
높이×넓이×두께 : 99×37×12cm
비좌 : 신설 / 비개 : 70×24, 옥개형

[문면 해석]

縣監李公純謙永世不忘碑 현감 이순겸공 영세불망비

百廢俱興 폐해졌던 모든 것이 함께 흥해지니

獘邑復完 잔폐하던 고을이 다시 완전해졌네

海役隣費 바닷가 노역과 이웃이 진 빚으로

力不煩民 백성의 힘을 번거롭게 아니했네

捐廩鍊武 창고를 덜어 무예를 익히게 하고

置田興學 토지를 장만하여 학교를 흥기했네

祭具極潔 제사 도구는 지극히 정결해지고

海弊永革 바닷가의 폐단은 영원히 혁파되었네

同治十一年三月日 동치 11년(1872) 3월 일

이순겸(李純謙, 생몰년 미상)

조선후기의 문신이다. 1843년 진사시에 합격하였으며 1862년 예빈시 참봉을 시작으로 관직에 나왔다. 이인찰방으로 선정을 베풀어 임기를 연장하여 근무하였다. 청하에는 1870년에 부임하여 만 1년간 재직했는데, 그간에 외국의 배가 앞바다에 출몰하여 긴장된 시기를 보냈다. 1871년 부모의 병으로 사직하였다.

[행적]

• 『승정원일기』 헌종 9년(1843) 3월 11일
  임금께서 희정당에 나오셨다. 생원 진사에 새로 합격한 사람들이 사은하러 입시하였다. … 진사 이순겸(李純謙) 등이 동서로 나누어 선 뒤에 차례로 앞으로 나왔다.

• 『승정원일기』 고종 7년(1870) 12월 24일
  이순겸을 청하 현감(淸河縣監)으로 삼았다.

• 『동래부계록(東萊府啓錄)』 7, 1871년 3월 16일
  승정원에서 열어보십시오.
  영해부(寧海府)의 적도가 변란을 일으킨 연유에 대해서는 이미 치계(馳啓)하였거니와, 본월 16일 축시(丑時)에 도착한 청하 현감(淸河縣監) 이순겸(李純謙)의 치보(馳報)에, "영해부 적도의 변란을 탐지하기 위해 장교 김학봉(金學奉) 하리(下吏) 정치성(鄭致成) 사령(使

帥) 김명원(金明元) 등을 따로 파견하였더니, 13일 진시(辰時)에 돌아와서 보고하기를, '12일 진시에 영해 읍내에 도착하여 적도의 정황을 탐문하였는데, 해당 부사가 적도에게 살해를 당한 것이 과연 들은 바와 같았고, 11일 미시(未時)에 적도가 점점 물러가서 성안이 비었습니다.'라고 하기에 이에 의거하여 치보합니다."라고 하였습니다. 적도가 부내로 들어가서 밤새도록 초멸되지 못하다가 마음대로 흩어져 간 것이 진실로 분통하기에 신영(臣營)에서 다시 장교와 나졸을 파견하여 다방면으로 수색하여 체포할 것이며, 이러한 내용을 치계하니, 선계(善啓)하여 주십시오.

- 『동래부계록(東萊府啓錄)』 7, 1871년 4월 3일
  초3일 도착한 청하현감 이순겸(李純謙)의 치보 내용입니다. 지난 달 28일 미시에 백색 돛 3개짜리 이양선(異樣船) 한 척이 청진 바깥바다에 모습을 드러내더니, 계속하여 북에서 남으로 갔습니다. 척후 감관의 치고(馳告)에 근거하여 치보(馳報)합니다.

- 『동래부계록(東萊府啓錄)』 7, 1871년 7월 14일
  유시에 도착한 청하현감 이순겸의 치보 내용입니다. 초6일 미시에 흰색 돛 3개짜리 이양선 한 척이 지경나루 앞바다에 모습을 드러내어 북에서 남으로 향했습니다. 척후 감관의 치보에 근거하여 치보합니다.

- 『승정원일기』 고종 8년(1871) 12월 11일
  이조에서 아뢰었다.
  "경상감사 김세호(金世鎬)의 장계에 의하면, 청하현감 이순겸이 그 어버이의 병으로 인하여 연속으로 사임장을 올렸습니다. 부득이 직을 파하여 내보낼 일로 아룁니다."
  "이렇게 치적이 있는 사람을 어떻게 해임하여 보내겠는가. 예산현감(禮山縣監)과 바꾸도록 하라."

2.1.6 청하현감 민치헌 선정비

俵麥爲種 捐錢補賑
化治歌歧 民無呼飢
流踵安堵 曷以報德
衆口成碑 龜頭不敲

縣監閔侯致憲施惠不忘碑

光緒九年十一月日
（좌측면）
都監 李基○
監官 安時衡
色吏 李文彪
（우측면）
公兄 鄭永祜
李懿榮

주소 : 포항시 북구 청하면 청하로 217번길 22
지번 : 포항시 북구 청하면 덕성리 276-3
위치 : 청하면 행정복지센터 동편 담장 앞
높이×넓이×두께 : 85×31×12cm
비좌 : 신설 / 비개 : 57×25, 옥개형

[문면 해석]

縣監閔侯致憲施惠不忘碑 현감 민치헌 원님 시혜불망비

俵麥爲種 보리를 내어줘 씨뿌리게 하시니

化治歌歧 노래하는 밭둑마다 은혜가 넘치네

捐錢補賑 사비를 내어 진휼하는 데 보태시니

民無呼飢 배고파 부르짖는 백성이 없었네

流踵安堵 떠돌던 백성이 안도하며 따르고

衆口成碑 사람들의 칭송은 비석이 되었네

曷以報德 무엇으로 이 은덕을 갚으랴

龜頭不敧 비석 머리가 기울지 않으리

光緖九年十一月日 광서 9년(1883) 11월 일

[좌측면]

都監 李基○ 監官 安時衡 色吏 李文彪

도감 이기○ 감관 안시형 색리 이문표

[우측면]

公兄 鄭永祜 李懿榮 공형 정영호 이의영

민치헌(閔致憲, 1844~1903)

조선 말기의 문신이다. 본관은 여흥으로 민태현(閔泰鉉)의 아들
이다. 음직(蔭職)으로 청하현감(淸河縣監) 등을 역임하다가 1885년
(고종 22) 9월 증광별시문과에 병과로 등제한 뒤 그해 10월 홍문
관부수찬이 되었다. 이듬해 돈녕부도정(敦寧府都正)이 되었으며,
1887년 9월 사간원대사간에 임명되었다. 사간원 재임시 여러 차
례 직간(直諫)을 올리고 대사간을 사임하고자 하였으나 뜻을 이루
지 못하였다. 1888년 4월 이조참의로 발탁되고 그해 8월 성균관
대사성에 올랐으며, 이듬해 승정원우승지가 되었으며, 1892년
동지돈녕부사(同知敦寧府事)가 되었다.

1894년 고부에서 동학농민군이 봉기하여 전국적인 농민전쟁
으로 비화될 즈음 지방관인 경주부윤의 외직에 있었다. 동학농
민전쟁 발발에 대한 책임을 지고 민씨척족들이 유배형을 받게
될 때 민치헌도 그해 6월 홍원현(洪原縣)에 정배되었다가 그해 9

월 풀려났다. 1896년 중추원1등 의관에 임명되고 칙임관2등에 서임되었으며, 1899년 궁내부특진관이 되었다. 1900년 4월 의정부찬정(議政府贊政)이 되고 이어 칙임관1등에 올랐다. 그해 7월 회계원경, 이듬해 다시 궁내부특진관과 칙임관1등에 이르렀다. 시호는 효헌(孝獻)이다. 청하에는 1882년 현감으로 부임하여 1884년 청안현감으로 가면서 이임하였다.

[행적]

• 『승정원일기』 고종 10년(1873) 10월 6일
  민치헌(閔致憲)을 부사용(副司勇)으로 삼았다.

• 『승정원일기』 고종 15년(1878) 6월 30일
  민치헌을 송라도 찰방(松羅道察訪)으로 삼았다.

• 『승정원일기』 고종 17년(1880) 12월 29일
  송라도 찰방 민치헌과 김천도 찰방(金泉道察訪) 최성재(崔成在)를 서로 바꾸었다

• 『승정원일기』 고종 19년(1882) 8월 19일
  "청하 현감(清河縣監) 마기승(馬箕昇)과 김천 찰방(金泉察訪) 민치헌(閔致憲)을 서로 바꾸라."

• 『승정원일기』 고종 21년(1884)8월 18일
  이조에서 아뢰었다.
  "경상 감사 조강하(趙康夏)가 진휼(賑恤)을 마치고 올린 장계와 별단(別單)을 보니, …… 청하 현감(清河縣監) 민치헌(閔致憲)은 녹봉을 덜어 보탠 전이 2040냥이고, …… 위의 두 읍의 수령(守令)과 한 역(驛)의 찰방에게 모두 포상해야 하니, 의당 아마(兒馬)를 하사하는 은전을 베풀어야 할 듯합니다. …… 상께서 재가(裁可)

해 주시는 것이 어떻겠습니까?"

"회계(回啓)한 대로 시행하라."

- 『승정원일기』고종 21년(1884) 11월 2일

  청하 현감 민치헌과 청안 현감(淸安縣監) 김승균(金勝均)을 서로
  바꾸었다.

2.1.7 청하현감 조원식 선정비

縣監趙公元植永世不忘碑

德如淸風　千載欽仰
心同白玉　存諸片石

光緒十六年庚寅五月日

주소 : 포항시 북구 청하면 청하로 217번길 22
지번 : 포항시 북구 청하면 덕성리 276-3
위치 : 청하면 행정복지센터 동편 담장 앞
높이×넓이×두께 : 104×43×16cm
비좌 : 신설 / 비개 : 단갈형

[문면 해석]

縣監趙公元植永世不忘碑 현감 조원식공 영세불망비

德如淸風 덕은 청풍과 같고

心同白玉 마음은 백옥과 같아

千載欽仰 천년이 되도록 우러르는 마음

存諸片石 한 조각 돌에 보존되었네

光緒十六年庚寅五月日 광서 16년(1890) 경인 5월 일

조원식(趙元植, 1842~?)

조선 후기의 문신이다. 본관은 한양이며, 중봉(重峯) 조헌(趙憲)의 주손으로 조제열(趙濟說)의 아들이다. 자는 인백(仁伯)이다. 음직으로 휘릉참봉 등을 지내다가 1885년 식년시에 생원으로 합격하였다. 이후 외직으로 나가 여러 곳의 현감과 고성과 상주의 군수를 지냈다. 청하에는 1889년 부임하여 1891년 자인현감으로 전임되었다. 청하현감으로 있던 시절에 백성을 사랑하고 어진 정치를 베풀어 백성들이 다시 부임하기를 요청하였다는 기록이 있다.

[행적]

• 『승정원일기』 고종 11년(1874) 3월 5일
  조원식(趙元植)을 휘릉 참봉(徽陵參奉)으로 삼았다.

• 『승정원일기』 고종 26년(1889) 1월 30일
  조원식을 청하 현감(淸河縣監)으로 삼았다.

• 『승정원일기』 고종 29년(1892) 3월 8일
  상이 일렀다.
  "열읍(列邑) 중에 치적(治績)이 우수한 자가 몇 사람인가?"
  김사철이 아뢰었다.
  "서계 가운데 다 들어 있습니다."
  "그렇다면 가장 우수한 자가 조원식(趙元植)인데, 이 자는 바로 중봉(重峯) 조헌(趙憲))의 사손(祀孫)이다. 명가의 후예이니, 이와 같은 것이 당연하다."
  "진실로 그렇습니다만, 요즘 수재(守宰)가 녹봉을 덜어 폐단을 바로잡는 것은 정말이지 드문 일입니다."

• 『승정원일기』 고종 29년(1892) 3월 30일

경상도 암행어사 김사철(金思轍)의 서계(書啓)를 보니, "··· 전 청하 현감(淸河縣監) 조원식(趙元植)은 부임하던 초기에 휼전(恤錢)과 병료(兵料)에 대해서 모두 녹봉을 털어 도와주고 가난한 집의 세금을 감면해 주고 음식값으로 내는 세금을 경감시켜 백성들을 곤란에서 벗어나게 해 주어 다시 부임하기를 간절히 바라고 있다 하며, ··· 승서(陞敍)하여 조용(調用)하는 은전(恩典)을 시행해야 할 듯하며, ··· 품처하도록 하는 것이 어떻겠습니까?"

2.1.8 청하군수 이인긍 선정비

賢侯惠澤 一片短碣
遍及海民 萬歲不泯
郡守李公寅兢施惠不忘碑
庚子四月日 海民立
主事 李弼龍
崔日岩

주소 : 포항시 북구 청하면 청하로 217번길 22
지번 : 포항시 북구 청하면 덕성리 276-3
위치 : 청하면 행정복지센터 동편 담장 앞
높이×넓이×두께 : 119×42×13cm
비좌 : 신설 / 비개 : 단갈형

[문면 해석]

郡守李公寅兢施惠不忘碑 군수 이인긍공 시혜불망비

賢侯惠澤 어진 원님 은혜와 덕택이

遍及海民 바닷가 백성에게 두루 미쳤네

一片短碣 한 조각 작은 비석이지만

萬歲不泯 만세토록 없어지지 않으리

庚子四月日 海民立 경자년(19○○) 4월 일 바닷가 백성이 세움

主事 李弼龍 崔日岩 주사 이필용 최일암

이인긍(李寅兢, 1867~?)

조선말기의 문신이다.

본관은 전주이다. 1878년 삼릉참봉으로 관직에 나와 평시서(平市署)와 전환국(典圜局) 등 초기의 개화관직을 역임하고 외직으로 나갔다.

양성과 군위의 현감을 역임한 뒤 1896년 지방행정단위를 군(郡)으로 전환한 뒤 청하, 예천, 영월 자인 등의 군수를 지냈다. 청하현(清河縣)이 청하군(清河郡)으로 바뀐 1896년에 군수로 부임하여 1899년 진산군수로 전임되었다. 청하에 있는 동안 일본인 어부들이 영해를 침범하는 것을 바로잡기 위해 노력하였다.

[행적]

- 『승정원일기』 고종 20년(1883) 12월 29일
  이인긍을 평시서 주부(平市署主簿)로 삼았다.
- 『승정원일기』 고종 21년(1884) 6월 30일
  이인긍을 전환국 위원(典圜局委員)으로 삼았다.
- 『승정원일기』 고종 25년(1888) 6월 7일
  이인긍을 제용감 주부(濟用監主簿)로 삼았다.
- 『승정원일기』 고종 33년1896) 9월 8일
  청하 군수(清河郡守)에 이인긍(李寅兢)을 임용하였다.
- 『승정원일기』 고종 36년(1899) 6월 25일
  진산 군수(珍山郡守)에 이인긍을 임용하였다.

縣監盧侯世煥興學碑

戊午正月日 謹竪

○癸巳○○○○
○文廟未完而去○○○○
○告成○○○○○○
○垂德音○事俾○○○
○○○○○○○○○○○

주소 : 포항시 북구 청하면 청하로 217번길 22
지번 : 포항시 북구 청하면 덕성리 276-3
위치 : 청하면 행정복지센터 동편 담장 앞
높이×넓이×두께 : 113×44×12cm
비좌 · 신설 / 비개 : 70×38, 원당형
기타 : 마모 심함, 청하현감-10과 같은 비석

[문면 해석]

縣監盧侯世煥興學碑　현감 노세환 원님 흥학비

○癸巳○○○○文廟未完而去○○○○

○○○○○○○告成○○○○○○事俾○○○

○○○○○○○垂德音

(해석문은 다음 비석에 있음)

戊午正月日 謹竪　무오년 정월 일 삼가 세움

노세환(盧世煥, 1687~?)

조선 후기의 문신이다. 자는 회이(晦而)이고 본관은 풍천이며 동지중추부사 노정(盧錠)의 아들이다. 1687년 식년시에 진사로 합격하여 벼슬에 나왔으며 청하현감을 지낸 뒤에 세제익위사 익위로 옮겼다.

다시 외직으로 나가 금천과 음죽의 현감을 지냈다. 퇴직한 뒤에 첨지, 동지중추부사, 부호군 등에 가자되었다. 청하에는 25세 되던 1711년에 부임하여 3년간 재직하였다.

[행적]
· 『승정원일기』숙종 30년(1704) 6월 1일
  노세환(盧世煥)을 경릉 참봉(敬陵參奉)으로 삼았다.
· 『승정원일기』숙종 37년(1711) 6월 29일
  노세환을 청하 현감(淸河縣監)으로 삼았다.
· 『승정원일기』영조 18년(1742) 7월 5일
  김재로가 아뢰었다.
  "전(前) 현감 노세환은 나이가 80입니다. …… 특별히 은전을 베푼 예가 있으니 지금도 은전을 베푸시는 것이 어떻겠습니까?"
  "가자(加資)하는 것이 좋겠다."
· 『승정원일기』영조 20년(1744) 9월 10일
  "노세환 등에게 가선대부의 품계를 더하는 것은, 주상께서 기로사(耆老社)에 들어가신 뒤에 은혜를 더하여 가자하는 일로 전교를 받았습니다."
· 『승정원일기』영조 21년(1745) 1월 28일 노세환을 동지중추부사(同知)로 삼았다.

2.1.10 청하현감 노세환 선정비(2)

縣監盧侯世煥興學碑

○癸巳○○玆新學文廟 未完而去
後柳侯迪金侯世遇來而越四載丙申告成
噫三侯之德克勤于事俾我有學無替惟
我○○○○○磐石以表頌曰
前有盧侯後有柳金克新廟宇昭垂德音

齋任 李○○
丁未四月日 改立

주소 : 포항시 북구 청하로 233번길 16-5
지번 : 포항시 북구 청하면 덕성리 190
위치 : 청하향교 명륜당 서편 담장 앞
높이×넓이×두께 : 75×36×18cm
비좌 : 방형 별석 / 비개 : 44×46, 원당형
기타 : 마모 심함, 청하현감-9와 같은 비석

[문면 해석]

縣監盧侯世煥興學碑 현감 노세환 원님 흥학비

○癸巳○○玆新學文廟 未完而去 後柳侯迪 金侯世遇來
而越四載丙申告成 噫三侯之德 克勤于事 俾我有學無替 惟
我○○○○○磐石以表 頌曰

계사년[48]에 여기에 … 새 향교와 대성전을 완성하지 못하고 떠났다. 그 뒤에 류적[49] 원님과 김세우[50] 원님이 오셔서 4년을 지나서 병신년[51]에 완성되었다. 아, 세 원님의 덕으로 일에는 지극히 근면하셨으며, 우리로 하여금 학교가 있고 변함이 없도록 하셨다. 이에 우리는 …… 돌에 새겨 표한다. 송을 지었다.

前有盧侯　앞서는 노 원님이 계셨고

後有柳金　뒤에는 류 김 원님이 계셨네

克新廟宇　묘우를 온전히 새롭게 하시어

昭垂德音　덕의 가르침이 밝히 내리시네

丁未四月日 改立　정미년(1727) 4월 일 고쳐 세움

齋任 李○○　재임 이○○

[인적사항] : 전술함

[행적] : 전술함

---

48 계사년 : 숙종 39년 서기 1713년이다.

49 류적(柳迪) : 비면의 글씨가 마모되었으나 『포항시사』의 수령명단을 참고하여 보충하였다. 류적은 1715년 청하현감으로 부임하였다.

50 김세우(金世遇) : 위와 같음. 김세우는 1716년에 청하현감으로 부임하였다.

51 병신년 : 숙종 42년 서기 1716년이다.

2.1.11 청하현감 임택호 선정비

崇禎紀元後五辛巳五月日
都監 金秉賢
有司 李能遇
金元壽

縣監任侯澤鎬悅乎齋創建碑

주소 : 포항시 북구 청하로 233번길 16-5
지번 : 포항시 북구 청하면 덕성리 190
위치 : 청하향교 명륜당 서쪽 담장 앞
높이×넓이×두께 : 84×33×16cm
비좌 : 방형 별석 / 비개 : 57×25, 옥개형

[문면 해석]

縣監任侯澤鎬悅乎齋創建碑
현감 임택호 원님 열호재 창건비

都監 金秉賢 도감 김병현

有司 李能遇 金元壽 유사 이능우 김원수

崇禎紀元後五辛巳五月日 숭정기원후 5신사(1881) 5월 일

（우측면）
校長 李基泰
齋任 李在倫 立

（후면）
齋主倅任侯澤鎬之創也 額嶺伯李公根弼之題也 爲其造
士賓學之風 而盖取諸魯論不亦悅乎之義也 苟非平日學
問之力能如是哉 經綸措劃 記文昭載 持守方略 節目已詳
更何疊架然 紙有尽而缺焉 木愈久而蠹焉 玆用片石以
示永世云爾 遂爲之銘曰
齋彼黌傍 伊誰之力
牖我後學 日有先覺 齋末 李[火白]記

[우측면]

校長 李基泰 교장 이기태

齋任 李在倫 立 재임 이재륜 세움

[후면]

齋主倅任侯澤鎬之創也 額嶺伯李公根弼之題也 爲其造士
賓學之風 而盖取諸魯論不亦悅乎之義也 苟非平日學問之力
能如是哉 經綸措劃 記文昭載 持守方略 節目已詳 更何疊架

哉 然紙有剝而缺焉 木愈久而蠹焉 玆用片石 以示永世云爾
遂爲之銘曰

　열호재는 임택호 원님이 창건한 것이며, 편액은 경상도관찰사 이근필공이
쓴 것이다. 선비들이 모이고 학자를 초빙하는 기풍을 위한 것인데, 그 이름은 논
어의 "또한 기쁘지 아니한가[不亦悅乎]의 뜻을 취한 것이다. 진실로 평소에 학
문을 닦은 힘이 아니라면 능히 이렇게 할 수 있었겠는가. 이 집을 지은 경륜과
기획한 사실은 기문에 밝히 실려 있고, 이 집을 유지하고 지킬 방법과 지혜는 절
목에 이미 상세히 실려 있으니 다시 무엇을 거듭 보태겠는가. 그러나 종이도 때
로는 훼손될 수가 있고 나무는 오래될수록 좀이 먹기도 한다. 이제 작은 돌에 새
겨서 영원한 세대에 보이려고 한다. 마치면서 이를 위하여 명을 지었다.

　齋彼黌傍　저기 향교 곁의 열호재
　牖我後學　우리 후학을 인도하도다
　伊誰之力　이는 누구의 힘이었던가
　曰有先覺　선각자가 있었다 하리라
　齋末 李[火白]記　열호재의 말석에 있는 이박 기

　임택호(任澤鎬, 1839~?)
　조선 말기의 문신이다. 본관은 풍천이고 자는 경로(景魯)이며
처음 이름은 임규호(任奎鎬)이다. 임하준(任夏準)의 아들이며 진사
임창재(任昌宰)의 아버지이다. 1867년 식년시에 진사로 합격하
여 벼슬에 나왔으며, 내직과 청하현감, 서산군수 등을 역임한 뒤
1885년 문과에 급제하여 수찬, 교리, 승지 등을 지냈다. 청하에
는 1878년 부임하여 1881년 서산군수로 갈 때까지 재직하였다.
청하 재직중에 이름을 임규호에서 임택호로 바꾸었다.

[행적]

- 『승정원일기』고종 9년(1872) 4월 28일
  임규호(任奎鎬)를 중부 도사(中部都事)로 삼았다.
- 『승정원일기』고종 15년(1878) 6월 27일
  임규호를 청하 현감(淸河縣監)으로 삼았다.
- 『승정원일기』고종 17년(1880) 8월 28일
  이조에서 아뢰었다.
  "청하 현감 임규호는 이름을 택호(澤鎬)로 고쳤습니다."
- 『승정원일기』고종 18년(1881) 7월 12일
  임택호(任澤鎬)를 서산 군수(瑞山郡守)로 삼았다.

2.1.12 청하현감 박승현 선정비

縣監朴公承顯永世不忘碑

百弊矯王 鋤徭拊愛 惟知民樂 休明厥德
海瘼最先 薄賦恤隣 極務惠宣 永世以傳

同治十二年癸酉三月日 海民立

주소 : 포항시 북구 송라면 동해대로 3166
지번 : 포항시 북구 송라면 화진리 547
위치 : 포항오토캠핑장(구 화진초등학교) 정문
높이×넓이×두께 : 119×38×12cm
비좌 : 신설 시멘트 / 비개 : 단갈형
기타 : 구 화진초등학교 정문 안 오른쪽 언덕
　　　밑에 있으나 학교가 폐교되고 보전이
　　　염려되므로, 행정복지센터로 이전할
　　　필요가 있음

[문면 해석]

縣監朴公承顯永世不忘碑　현감 박승현공 영세불망비

百弊矯王　모든 폐단의 왕법을 바로잡음에

海瘼最先　바닷가 고통이 가장 먼저였네

鋤徭拊愛　요역을 없애고 어루만져 아끼며

薄賦恤隣　부역을 줄이고 이웃을 진휼했네

惟知民樂　오직 백성의 즐거움을 알 뿐

極務惠宣 은혜를 베풀기에 지극히 힘썼네

休明厥德 아름답고 밝으신 그분의 덕을

永世以傳 영원한 세대에 전하리로다

同治十二年癸酉三月日 海民立

동치 12년(1873) 계유 3월 일 바닷가 백성이 세움

박승현(朴承顯, 1803~?)

조선 후기의 문신이다. 본관은 밀양이며 자는 회수(晦叟)이다. 박정회(朴廷會)의 아들이다. 1845년 향시에 합격하고 1846년 식년시 진사에 합격하여 영릉참봉을 시작으로 괴산군수에 이르렀다. 청하에는 1864년에 부임하여 1867년 흡곡현령으로 갈 때까지 3년간 재직했으며 선정을 베풀어 암행어사의 보고서에 기록되었다.

[행적]

• 『충청감영계록(忠淸監營啓錄)』

진사 3등 유학 박승현(朴承顯) 43세. 본관 밀양(密陽). 서산(瑞山) 거주. 부 학생 박정회(朴廷會).

• 『승정원일기』 철종 9년(1858) 12월 20일

박승현(朴承顯)을 영릉 참봉(永陵參奉)으로 삼았다.

• 『승정원일기』 고종 1년(1864) 6월 20일

박승현을 청하 현감(淸河縣監)으로 삼았다.

• 「경상도 암행어사 박선수 서계(書啓)」 1867년(고종 4년)

(청하) 전 현감(前縣監) 박승현(朴承顯)입니다.

읍은 작고 업무는 간솔하여 원래부터 조처하려고 노력할 필요는 없었습니다. 서리들을 가슴으로 품어주었으며 백성들은 안심했는데, 이것은 실제로 그의 정치가 염약(恬約)했기 때문입니다.

• 『승정원일기』 고종 6년(1869) 12월 11일
  박승현을 괴산 군수(槐山郡守)로 삼았다.

2.2.1 청하 연무정비

○○○○○
○○○○○
○○○○○
○○○○○
○○○○○
○ 新亭翼然
○ 百世是仰
○○

○○○○

○○錬
武
亭
碑

（좌측면）
校長 李基泰
齋任 李在倫 立
（우측면）
壬（申）五月日

주소 : 포항시 북구 청하로 233번길 16-5
지번 : 포항시 북구 청하면 덕성리 190
위치 : 청하향교 명륜당 서쪽 담장 앞
높이×넓이×두께 : 45×32×13cm
비좌 : 결실 / 비개 : 결실
기타 : 반으로 부러진 비석

[문면 해석]

○○○○○○錬武亭碑 ○○○○○연무정비

○○○○ (…)

新亭翼然 새 정자 날아갈 듯 하구나

○○○○ (…)

百世是仰 백세토록 이를 우러르리라

校長 李基泰 齋任 李在倫 立 교장 이기태 재임 이재륜 세움

[우측면]

壬(申)五月日 임신 5월 일

[특이사항]

이 비석은 비좌와 비개는 분실되고 비신의 중간부분이 부러져 45cm 정도만 남아 있는 비편(碑片)이다. 표제의 내용으로 보아 청하현에 연무정(鍊武亭)을 세운 것을 기념한 비석인 것으로 보이며, 특별히 어떤 수령의 선정을 기념한 것으로 보이지는 않는다. 다만, 비편의 훼손이 심하고, 다른 방식으로 정리하고 보존하려는 노력이 없으므로, 이 기록에 남겨서 멸실에 대비하고자 한다.

관찰사 청하

觀察使李相公參鉉愛民施惠碑

規正貢賦 千秋頌德
捐恤火民 五世更新
同治七年戊辰四月日

주소 : 포항시 북구 청하면 청하로 217번길 22
지번 : 포항시 북구 청하면 덕성리 276-3
위치 : 청하면 행정복지센터 동편 담장 앞
높이×넓이×두께 : 132×51×22cm
비좌 : 신설 / 비개 :(광, 고) 79×30, 옥개형

[문면 해석]

觀察使李相公參鉉愛民施惠碑 관찰사 이삼현상공 애민시혜비

規正貢賦 공납과 부역의 규칙을 바로잡고

捐恤火民 돈을 내어 화전민을 구휼하였네

千秋頌德 천추에 이르도록 덕을 칭송하니

五世更新 다섯해가 되어도 다시 새롭도다

同治七年戊辰四月日 동치 7년(1868) 무진 4월 일

이삼현(李參鉉, 1807~?)

조선 후기의 문신이다. 본관은 용인이며 자는 태경(台卿)이고 호는 종산(鐘山)이다. 1834년(순조 34) 사마시에 합격하고, 1841 년(헌종 7) 정시문과에 병과로 급제하여 이듬해 홍문관주서가 되었다. 『행관록(行館錄)』에 기록되었으며 1845년에 도당회권(都堂 會圈) 23인에 선발되었다. 1850년(철종 1) 평안도암행어사를 거쳐 1855년 좌부승지가 되었으나 대사헌 이경재(李經在)와의 논쟁 때문에 반대파의 탄핵을 받아 삭직되었다. 1860년 대사성이 되었고, 1862년 진주에서 민란이 일어났을 때 경상도선무사가 되어, 영남 지방의 민심을 수습하고 관련된 관리들을 징치하였다. 1864년(고종 1) 함흥부안핵사가 되어 흉흉한 북방의 민심을 무마하고 부세(賦稅)와 호역(戶役)을 경감하여 회유하였다. 이듬해 예조판서가 되었다. 저서로는 『종산집』이 있다.

[행적]

• 『승정원일기』 고종 4년(1867) 7월 21일

이조 계목

"원 문건은 첨부하였습니다. 경상 좌우도 암행어사 박선수의 서계에 대해 말씀드리겠습니다. …… 감사 이삼현(李參鉉)에 대해서는 '진휼하는 데 제대로 방법을 얻은 덕분에 흉년을 만난 빈곤한 백성들이 안정을 되찾을 수 있었고, 조처가 적절한 덕분에 열읍(列邑)의 고질적인 폐단이 제거되었습니다.'라고 하였고, 그밖에 본도 및 연로의 전후 수령과 찰방들은 실적이 그다지 뛰어나지도 않고 잘못이 그다지 드러나지도 않으므로 모두 그냥두겠습니다."

3.1.1 연일현감 정택원 선정비

縣監鄭公澤源善政碑

（후면）

七考凞績 淳厚洪度
百里風栽 張弛兼才
修學文治 爰曁不朽
錢水吳幸 永永追思
吏房鄭和復
戶長鄭弼煥
行首陳東龜
慶州鄭基南 撰
座首金夏鍾
都監韓景暾

崇禎紀元後 五庚午 正月 日

주소 : 포항시 남구 연일읍 철강로 10
지번 : 포항시 남구 연일읍 괴정리 289-1
위치 : 연일행정복지센터 서편 담장 밑
높이×넓이×두께 : 94×40×13cm
비좌 : 결실 / 비개 : 결실

[문면 해석]

縣監鄭公澤源善政碑 현감 정택원공 선정비

[후면]

七考凞績 칠고[52]에 빛나는 사적

---

52 칠고(七考) : 관직에 있는 사람은 예닐곱 번 시험을 통과한다는 말로 쓰였다. (소순(蘇洵), 上仁宗皇帝書, 唐宋八大家文抄 권1)

百里風裁 백리에 떨치는 풍모

淳厚洪度 순후하고 넓은 도량에

張弛兼才 완급을 겸한 재능이로다

修學文治 학교를 수선하고 문으로 다스리니

錢水吳宰 전당강으로 가는 오나라 태수[53]

爰竪不朽 이에 썩지 않을 돌을 세워

永永追思 영영히 추억하며 그리워하리

吏房 鄭和復 이방 정화복

戶長 鄭弼煥 호장 정필환

行首 鄭東龜 행수 정동구

慶州 陳基南 撰 경주 진기남 지음

座首 金夏鍾 좌수 김하종

都監 韓景暾 도감 한경돈

崇禎紀元後 五庚午 正月 日 숭정기원후 5경오(1870) 1월 일

---

53 전당강 … 태수 : 진(晉)나라 때 맑은 지조로 이름 높았던 장한(張翰)이 고향인 전
당강(錢塘江) 지방을 떠나 낙양(洛陽)에서 벼슬살이를 하던 중 가을바람이 부는
것을 보자 오중(吳中)의 순챗국과 농어회가 생각나서 말하기를 "인생살이는 뜻에
맞게 사는 것이 귀한 법인데, 어찌 벼슬에 얽매여서 수천 리 밖을 떠돌면서 명예
와 관작을 노리겠는가." 하고는 드디어 수레를 타고 고향으로 돌아간 고사가 있다.
《晉書 卷92 文苑列傳 張翰》

정택원(鄭澤源, 1818~?)

조선 후기의 무신이다. 자는 경양(景養)이고 본관은 영일이며 아버지는 정기영(鄭夔榮)이다. 1843년 식년시 무과에 급제하였다. 1867년 3월 11일 영일현감으로 재직한 기록이 있다.

[행적]

- 『승정원일기』 헌종 14년(1848) 5월 13일
  정택원(鄭澤源)을 선전관(宣傳官)으로 삼았다.
- 동래부계록 고종 4년(1867) 3월 11일
  도내 각 진의 속오(束伍) 및 주진군병(主鎭軍兵)들을 모아서 점열함을 지난 달 20일에 똑같이 알려 같은 날 거행하게 하였고, 거행하는 근만(勤慢)을 보면 야간 훈련을 많이 하였은즉, … 영일현감(迎日縣監) 정택원(鄭澤源) 등 14개 읍은 예에 따라 거행했고, 군오(軍伍) 훈련은 모두 정식(程式)을 따랐으며, 군마와 장기(裝器)는 모두 오래되어 탈이 난 것이 없으며, … 군액(軍額)은 감소된 것이 없고 기계는 완비되어 있다고 각 진영장(鎭營將)과 수령이 동일하게 보고해왔고, 신영(臣營)에서 살피는 것 또한 다름이 없으므로, 더욱 격려하여 힘쓰게 해서 실효가 있도록 할 뜻으로 각 진 읍에 엄히 신칙하였으며, 이러한 연유를 치보(馳報)합니다.
- 『승정원일기』 고종 6년(1869) 12월 21일
  정택원을 전라도 병마우후(兵馬虞候)로 삼았다.

縣監李公熙稷淸德善政碑

（후면）
垂玆三載 弊漸先防
終譽益彰 貞介彌剛
訟理政淸 有片斯石
禁止令行 興頌洋洋
慶州 李廷燮 書
都監 慶州 陳永煥 撰
崇禎紀元後 四戊午 三月 日

주소 : 포항시 남구 연일읍 철강로 10
지번 : 포항시 남구 연일읍 괴정리 289-1
위치 : 연일행정복지센터 서편 담장 밑
높이×넓이×두께 : 106×41.5×16cm
비좌 : 결실 / 비개 : 결실

[문면 해석]

縣監李公熙稷淸德善政碑 현감 이희직공 청덕선정비

[후면]

垂玆三載 이곳에서 삼년을 다스렸는데

終譽益彰 끝에 명예가 더욱 드러났네

弊漸先防 폐단의 조짐을 먼저 막으며

貞介彌剛 곧은 절개 더욱 굳세었네

訟理政淸 송사를 다스리고 정사는 맑으니

禁止令行 금지하라 명령하면 행하여졌네

有片斯石 여기 작은 돌조각에 새기노니

輿頌洋洋 백성의 칭송은 더욱 양양하리

慶州 李廷燮 書 경주 이정섭 씀

都監 慶州 陳永煥 撰 도감 경주 진영환 지음

崇禎紀元後 四戊午 三月 日 숭정기원후 4무오(1858) 3월 일

이희직(李熙稷, 생몰년 미상)

조선 말기의 무신이다. 1854년에 영일현감으로 부임하여 1858년 충청도 병마우후로 전임하기까지 재직하였다.

[행적]

- 『승정원일기』 헌종 13년(1847) 12월 30일
  이희직(李熙稷)을 선전관(宣傳官)으로 삼았다.

- 『승정원일기』 철종 5년(1854) 12월 3일
  이희직을 영일 현감(迎日縣監)으로 삼았다.

- 『승정원일기』 철종 9년(1858) 1월 5일
  이희직을 충청 병마우후(忠淸兵馬虞候)로 삼았다.

- 『충청병영계록』 철종 9년(1858) 2월 6일
  이번에 도부(到付)한 병마우후(兵馬虞候) 이희직(李熙稷)의 첩정(牒

묘)에, "우후가 경상도 연일 현감(延日縣監)으로 정월 초5일 도목
정사(都目政事)에서 본직에 제수되어, 하직 인사는 제외하고 2
월 초6일에 부임하였습니다."라고 하므로, 연유를 치계하오니
잘 아뢰어 주소서.

3.1.3 연일현감 심능훈 선정비

縣監沈公能勳永世不忘碑

（후면）

我侯下車 昨在壬辰 來自金陵 再三煩營 吾儕五閈
先敷德澤 公鹽三百 民受其瘼 事竟寢畫 庶幾安宅
口頌不碑 去後見思
爰謀片石 海月有白
都監 順興 安聖龍
甲午 四月 日

주소 : 포항시 남구 연일읍 철강로 10
지번 : 포항시 남구 연일읍 괴정리 289-1
위치 : 연일행정복지센터 서편 담장 밑
높이×넓이×두께 : 121×46×19cm
비좌 : 결실 / 비개 : 결실

[문면 해석]

縣監沈公能勳永世不忘碑 현감 심능훈공 영세불망비

[후면]

我侯下車 우리 원님 부임하신 일

昨在壬辰 지난 임진년 일이었지

來自金陵 금릉에서 옮겨 오셨는데

再三煩營 두번 세번 번거로운 고을

吾儕五閈 우리 다섯 마을이

先敷德澤 먼저 덕택을 입었네

公鹽三百 나라에 바칠 소금 삼백 섬

民受其瘝 백성이 그 괴로움 받았네

事竟寢畫 일이 차츰 구획되면서

庶幾安宅 거의 편히 살 수 있었네

口頌不碑 입으로만 칭송해서는

去後見思 가신 뒤에 그리울 뿐

爰謀片石 돌에 새기기로 의논하니

海月有白 바다에 달은 희게 빛나네

都監 順興 安聖龍 도감 순흥 안성룡

甲午 四月 日 갑오년(1834) 4월 일

심능훈(沈能勳)

조선 후기의 무신이다. 순조 26년(1826) 마병(馬兵)으로 무과에
급제하여 관직을 시작하였다. 훈련원의 벼슬을 거쳐 1832년에
연일현감으로 부임하였으며, 1835년에 이임하였다.

[행적]

• 『승정원일기』 순조 31년(1831) 10월 3일
  심능훈을 훈련원 판관(判官)으로 삼았다.

• 『승정원일기』 순조 32년(1832) 5월 10일

심능훈을 연일 현감(延日縣監)으로 삼았다.

• 『승정원일기』 헌종 1년(1835) 4월 21일
선혜청의 말로 아뢰었다.
"이전에 상납(上納)의 기한을 어긴 일로 경연에서 아뢰었고, 3월 그믐께를 기한으로 납부하라고 신칙하였습니다. 수령된 자가 조정의 명령을 두려워하는 마음이 있어서 마음을 쏟고 노력하면 기한을 넘기지 않는 것이 어찌 어렵겠습니까? … 이전에 미납한 연일현감 심능훈 … 등에게 먼저 파직하고 나중에 잡아오도록 법전을 시행하고, 미납한 고을은 다시 관문을 내려보내 기한까지 납부하도록 독촉하는 것이 어떻겠습니까?"
"윤허한다."

• 『승정원일기』 헌종 1년(1835) 5월 25일
의금부 사면령 단자 '… 심능훈 …' 등을 모두 석방함

• 『승정원일기』 헌종 4년(1838) 1월 12일 심능훈을 오위장으로 삼았다.

郡守李公翼鎬愛民善政碑

(후면)
公天潢大族也以丙申秋到郡用文治治民歸化影捷自
無爭訟訟無退怨吏民服神明
不敢欺捐俸修校減布聲績彰著爲政數年馬不肥狗不
吠咸曰公德在心非石難銘
昇予銘予亦飽公德者不敢辭酒銘曰
公澤甘雨 政架卓茂
公德淸風 化籠文翁
市弊克革 永世難諼
山寃幷伸 鑴此貞珉

安東權東運撰
都監金益沬書

梁在玉
鄕長兪儆柱
戶長鄭晩裕
吏房鄭枓旭

(우측면)
戊戌 六月 日

주소 : 포항시 남구 연일읍 철강로 10
지번 : 포항시 남구 연일읍 괴정리 289-1
위치 : 연일행정복지센터 서편 담장 밑
높이×넓이×두께 : 122×43×20cm
비좌 : 결실 / 비개 : 결실

[문면 해석]

郡守李公翼鎬愛民善政碑 군수 이익호공 애민선정비

公天潢大族也 以丙申秋到郡 用文治治民 歸化影捷 自無
爭訟 訟無退怨 吏民服神明

不敢欺 捐俸修校減布 聲績彰著 爲政數年 馬不肥 狗不吠
咸曰 公德在心 非石難銘

畀予銘 予亦飽公德者 不敢辭 迺銘曰

공은 대족의 큰 문벌로 병신년 가을에 우리 군에 도임하였다. 문치로 백성을 다
스리니 백성이 빨리 교화에 귀순하였다. 다투고 송사하는 일이 저절로 없어졌고 송
사 후에 물러나 원망하는 일도 없어서, 관리와 백성이 신명처럼 복종하면서 감히
속이지 못했다. 녹봉을 덜어서 향교를 수리하고 세금을 줄여주니 명성과 업적이 크
게 드러났다. 말도 살찌지 않고 개도 짖지 않았다. 모두 말하기를, 공의 덕이 마음에
있는데 돌이 아니면 새기기 어렵겠다고 하면서, 나에게 명을 지으라고 하였다. 나
또한 공의 덕을 배불리 입은 자이므로 감히 사양하지 못했다. 이에 명을 지었다.

公澤甘雨 공의 덕택은 단비와 같고

公德淸風 공의 덕망은 청풍과 같네

政架卓茂 정사의 업적은 탁무[54]와 같고

化籠文翁 교화의 품은 문옹[55]과 같았네

市弊克革 시장의 폐단을 모두 혁파하고

山冤幷伸 산민의 원통함이 다 펴졌네

---

54 탁무(卓茂) : 후한 때 남양(南陽) 사람으로 자는 자강(子康)이다. 밀령(密令) 등
여러 지방관을 지내면서 선정을 베풀어 이름이 높았고, 광무제 때 태부(太傅)에
이르고 포덕후(襃德侯)에 봉해졌다. 성품이 남달리 너그럽고 인자하였다. 《後漢
書 卷25 卓茂列傳》

55 문옹(文翁) : 기원전179~기원전101. 이름은 당(黨), 자는 중옹(仲翁)으로 서한
(西漢) 경제(景帝) 때에 촉군 태수(蜀郡太守)로 나가서 교화를 펼치고 학교를 일
으켜 문풍(文風)을 크게 떨쳤다. 무제(武帝) 때 온 천하에 학교를 설립한 것은 문
옹으로부터 비롯되었다고 한다. 《漢書 卷89 循吏傳 文翁》

永世難諼 영원히 속이기 어렵도록

鐫此貞珉 여기 이 돌에 새겨 두네

安東 權東運 撰 안동 권동운 지음

都監 金益洙 書 도감 김익수 씀

梁在玉 도감 양재옥

鄕長 兪僖柱 향장 유희주

戶長 鄭晩裕 호장 정만유

吏房 鄭枓旭 이방 정두욱

[우측면]

戊戌 六月 日 무술년(1898) 6월 일

이익호(李翼鎬, 생몰년 미상)

조선 말기의 무신이다. 1887년 오위장으로 관직을 시작하여 1908년 경성 군수까지 재직하였다. 연일현을 개편하여 연일군으로 칭한 1896년에 연일 군수로 부임하여 1900년 명천 군수로 가면서 이임하였다.

[행적]

• 『승정원일기』 고종 24년(1887) 12월 26일
  이익호(李翼鎬)를 오위장(五衛將)으로 삼았다.

• 『승정원일기』 고종 33년(1896) 6월 22일
  이익호를 연일 군수(延日郡守)에 임명하였다.

• 『승정원일기』 고종 37년(1900) 3월 14일
  연일 군수 이익호를 명천 군수(明川郡守)로 삼았다.

3.1.5 연일현감 김정근 선정비

縣監金公貞根永世不忘碑

（후면）

到縣未幾 羅先減價 德澤攸暨 爰竪不朽
歲値大荒 賑又多方 歌頌斯長 聊資難忘
水原 金致護 撰
慶州 金思衰 書
都監 水原 金致明
監官 鄭孟仁

道光 九年 己丑 六月 日 立

주소 : 포항시 남구 연일읍 철강로 10
지번 : 포항시 남구 연일읍 괴정리 289-1
위치 : 연일행정복지센터 서편 담장 밑
높이×넓이×두께 : 113×52×22cm
비좌 : 결실 / 비개 : 결실

[문면 해석]

縣監金公貞根永世不忘碑 현감 김정근공 영세불망비

[후면]

到縣未幾 우리 현에 도임하고 오래지 않아

歲値大荒 그해에는 큰 흉년이 들었네

羅先減價 환곡 갚을 때 값부터 줄여주고

賑又多方 진휼에도 많은 방도가 있었네
德澤攸曁 공의 덕택이 미친 곳마다
歌頌斯長 칭송의 노래 이처럼 길다네
爰堅不朽 이에 썩지 않을 돌을 세워
聊資難忘 그저 잊지 못할 자료로 삼네

水原 金致頀 撰 수원 김치호 지음
慶州 金思袞 書 경주 김사곤 씀
都監 水原 金致明 도감 수원 김치명
監官 鄭孟仁 감관 정맹인
道光 九年 己丑 六月 日 立 도광 9년(1829) 기축 6월 일 세움

김정근(金貞根, 생몰년 미상)

조선 후기의 무신이다. 1822년 수문장으로 관직을 시작하여
연일 현감과 평안도 병마우후 등의 무관직을 역임했다. 연일에
는 1827년 현감으로 부임하여 1829년에 이임하였다.

[행적]

• 『승정원일기』 순조 22년(1822) 3월 12일
  김정근(金貞根)을 수문장(守門將)으로 삼았다.
• 『승정원일기』 순조 27년(1827) 6월 28일
  김정근을 영일 현감(延日縣監)으로 삼았다.
• 『승정원일기』 순조 29년(1829) 7월 23일
  이조의 말로 아뢰었다.

"상경하여 서울에 머물고 있는 수령들에게 당일로 내려가라는 영을 내리셨고, 저희 부서에서 재촉하여 다 내려갔습니다. 그러나 영일현감 김정근은 어버이의 병이 침중하여 내려가지 못하였다고 하고 … 등은 자신이 병이 있어 내려가지 못하였다고 합니다. 명령이 있었는데 몸에 병이 있다고 내려가지 않은 … 등은 모두 파직하여 쫓아내고, 영일현감 김정근은 어버이의 병은 자기 병과 다르므로 벼슬을 갈아주는 것이 어떻겠습니까?"

"아뢴 대로 하라."

• 『승정원일기』 순조 33년(1833) 6월 22일 김정근을 오위장(五衛將)으로 삼았다.

3.1.6 연일현감 민완 선정비

縣監閔公琓淸德善政碑

주소 : 포항시 남구 연일읍 동문로 56
지번 : 포항시 남구 연일읍 동문리 47-1
위치 : 영일중고등학교 서편 화단
높이×넓이×두께 : 86×47.5×16.5cm
비좌 : 결실
비개 : 결실(비 상단에 비개를 꽂았던 돌출부 있음)
기타 : 1980년대 중반에 읍내에 방치된 것을 옮겨
　　　 왔으나 학교 화단에 하단이 30㎝가량 깊이 묻혀
　　　 있으므로, 행정복지센터로 이전할 필요가 있음

[문면 해석]

縣監閔公琓淸德善政碑 현감 민완공 청덕선정비

[후면]

淸州海西之名鄕 蘆川淸州之仁里 惟我閔公 生於斯長於
斯 信乎公明淸白仁節來及 粤以嘉慶丁丑秋 公來守是邦 課
農桑治糶糴 皆有條理 未嘗煩擾 而庶績咸熙 民乃便之 越明

清州海西之名鄉蘆川清州之仁里惟我閔公生於斯長於斯信乎公明清白仁節來及粵
以嘉慶丁丑秋公來守是邦課農桑治耀糶皆有條理未嘗煩擾而庶續咸熙民乃便之越
明年政通人和百癈俱革乃以興起學校爲己任自春及夏課徵益篤特加優賞隣郡爲士
者聞之莫不嘆服是歲夏適值掘礦之期仍舊貫從事而深知弊瘼之所在及役形之失宜
慨然只恨己志之未伸又明年秋廣招一境諸儒使之講讀經傳山燈海戶咸有絃誦之聲
矧乎自捐月俸新備軍器又殖邑儲永防雇役則其憂民也其救弊也爲○何哉至於今年
代役則他邑民以其不妨於農又無勞費故亦皆利之爭立木碑於○○惷者多矣於○以錢
是乎募軍督役鑿山通道以役○淵則不數月水涸而功倍於前見○○悛以之而德者多矣於
村氓忙於野邑隸歌於市間昔季之晝夜不息揮汗成西之勞役安有其○○石尤
多可以應三國之貢而本邑之民不勞一次之棠○之民益覺其功德之大而遠欲圖
永世不忘之資將堅石可以銘之三國不文自知猥越而余亦沐浴清化者矣義不敢
可久而泯也衆議允恊請余作文以記之余既不欲碑爲然如此大功業斷不可
辭第錄如右又從而銘之曰嶺海之東有此小縣化未下○逖矣畿甸吏於其人民受風
殊物極則反惟理之常歲在丁丑皂蓋南臨一念愛民懷以德音四載從政百里春風
○大洋廩○○○○
○○○
○○○

（우면）
糾謬允矣秉公操守自在政期無訟紓旗讇洋洋絃誦惟此揉○
月難鑿公乃關憐革舊圖新斬山關堧氷不○德續之靡勝事半功倍祚自乳役化遇海探
公之爲功匪止旅年新續攸愁後弊仍躅頌溢隣城德況慈州心銘口碑久則難留壽莫如
石可語其化鬱舟休載潮文可假刊此龜珉聊鎭鎭城鬼護人欽永○
○○○

（좌면）
庚辰 七月 日
水原 金致護
慶州 金駿
礦石都監 權鳳休
色吏 鄭興錫

年政 通人和百癈俱革 乃以興起學校爲己任 自春及夏 課徵
益篤 特加優賞 隣郡爲士者聞之 莫不嘆服 是歲夏適值掘礦
之期 仍舊貫從事 而深知弊瘼之所在 及役形之失宜 慨然 只

恨己志之未伸 又明年秋 廣招一境諸儒 使之講讀經傳 山燈
海戶咸有絃誦之聲 矧乎自捐月俸 新備軍器 又殖邑儲 永防
雇役 則其憂民也 其救弊也 爲○何哉 至於今年 又丁採礦之
時 公獨斷于心 與神爲謀 上稟巡營 旁詢隣邑 乃以他石所
○○○○○ 以錢代役 則他邑民 以其不妨於農 又無勞費 故
亦皆利之 爭立木碑於○○ ○○德者多矣 於是乎 募軍督役
鑿山通道 以役○湍 則不數月 水幾涸而功倍於前 見○○○
○悚 以之而村氓怵於野 邑隷歌於市 則昔季之晝夜不息 揮
汗成西之勞役 安在哉 ○○○採之石 尤多可以應三國之貢
而本邑之民 不勞一次之役 則一邑之民 益覺其功德之大 而
遠欲圖永世不忘之資 將竪石以銘之 而公不有其功 歸之棠
陰 又不欲碑爲 然如此大功業 斷不可久而泯也 衆議允恊 請
余作文以記之 余旣不文 自知猥越 而余亦沐浴淸化者矣 義
不敢辭 第錄如右 又從而銘之曰

　청주는 해서의 이름난 고을이고 노주는 청주의 인심좋은 마을이다. 우리 민
공은 여기서 나서 여기서 자랐으니, 진실로 공명정대하고 청렴결백하며 어질
고 절개있는 전통이 이어져 도착한 것이다. 그 뒤 가경 정축년(1817) 가을에 공
이 이 지방에 부임하여 왔는데, 농사를 독려하고 환곡 출납을 다스리는 데에 모
두 조리가 있어서 번거롭고 요란한 적이 없었는데도 모든 치적이 빛나고 백성
들은 편안하게 여겼다. 이듬해 정치평가에서는 '인화에 통하였고 모든 폐해가
혁신되었다'는 평가를 받았다. 이어서 학교를 흥기시키는 것을 자기의 소임으
로 삼아 봄부터 여름까지 과정을 부과하기를 더욱 독실히 하였다. 우수한 사람
에게는 특별히 상을 주니 이웃 고을의 선비된 자들이 듣고 탄복하지 않는 이가
없었다. 이해 여름 마침 벼룻돌을 채석할 때를 당하였는데, 옛 관습만 따라 일하

는 것이 폐단이 된다는 것을 깊이 알았고 노역이 마땅함을 잃었다는 것에 대해 개탄하였지만, 다만 자신의 뜻이 펼쳐지지 않음을 한탄할 뿐이었다. 또 그 다음 해 가을에는 지경 안의 여러 선비들을 널리 초대하여 그들에게 경전을 강독하게 하였더니, 산등성이와 바닷가의 집에서도 모두 공부하는 소리가 있었다. 더욱이 스스로 월급을 덜어서 군대의 무기를 새로 장만하고 고을의 비축재산을 늘려서 영원히 고역을 면하게 하였으니, 그가 백성을 염려하고 폐단을 구제하는 것이 … 어떠하였던가. 금년에 이르러서는 또 버릇돌 캘 때가 되었는데, 공은 마음으로 혼자 결단하고 신명과 도모하여 순찰영에 아뢰고 이웃 고을에 물어서 다른 돌캐는 곳에 … 하고 돈으로 노역을 대신하였다. 그러자 다른 고을의 백성들은, 그것이 농사에 지장도 없고 노역하는 비용도 없으므로 모두 이롭게 여기고 …에 다투어 나무로 비를 세워 … 덕을 …하려는 사람이 많았다. 이때에 이르러 역군을 모집하고 노역을 독려하며 산을 뚫고 길을 내어 부역으로 급류를 … 하였더니, 몇 달이 되지 않아서 물이 여러 번 말랐지만 공효는 이전보다 갑절이 되었고, …을 보고 뉘우쳤다. 이 때문에 마을 사람들은 들판에서 기뻐하고 고을 노비들도 시장에서 노래하였다. 그러니 지난해까지 밤낮으로 쉬지 못하고 땀을 뿌리며 성서에서 노역하던 것은 어디로 있는가. …에서 캔 돌은 더욱 삼국 동안 공물에 응할 수 있는 것이었는데 우리 고을 백성이 한 번의 부역도 하지 않았으니 온 고을 백성들이 더욱 그 공덕이 크다는 것을 깨달았다. 그래서 영원히 잊지 않을 자료로 삼으려는 원대한 계획을 도모하여, 장차 돌을 세워 새기려고 하였다. 그러나 공은 자기의 공으로 삼지 않고 관찰사의 은혜로 돌렸으며 또 비석도 세우기를 바라지 않았다. 그러나 이와 같은 큰 공업은 단연코 오래되어 잊어져서는 안 될 일이다. 여러 의논이 동의하고 따르면서, 나에게 글을 지어 기문으로 삼자고 청하였다. 나는 원래 글재주가 없고 스스로 외람되다는 것을 알고 있었지만, 나 또한 맑은 교화에 젖은 사람으로서 의리상 감히 사양하지 못하고 위와 같이 차례대로 기록하고 또 이어서 명을 지었다.

嶺海之東　영남 바닷가 동쪽에

有此小縣　이 작은 고을이 있지

化未下○　교화가 ○ 내려오지 않는 곳

逖矣畿甸　서울은 멀기도 하였네

吏於其人　백성들에게 아전노릇하고

民受風殃　백성만 재앙을 받았네

物極則反　지극한 것은 돌이키는 법

惟理之常　이치의 일반적인 법도이지

歲在丁丑　지난 정축년에

皁蓋南臨　원님이 남쪽으로 오셨는데

一念愛民　한결같이 백성을 사랑하고

懷以德音　후덕한 명성을 품으셨네

四載從政　4년간 정사를 보셨는데

百里春風　온 고을에 봄바람이었네

糾謬允矣　잘못을 진실되게 바로잡고

秉公○○　공정한 태도를 … 잡았으며

操守自在　자신을 지킴도 마음대로 하니

政期無訟　다스리는 동안 송사가 없었네

紓紓旗纛　화락하기도 한 원님의 깃발

洋洋絃誦　양양하게 울리는 글읽는 소리

惟此拯○　이 ○ 구원받은 백성들이

○○大洋　큰 바다를 ○○

廩○○○　창고를 ○○○

○月難鑿　○ 달 동안 뚫기 어려웠네

公乃闕憐　공은 이들을 불쌍히 여겨

革舊圖新 옛것을 혁신하고 새롭게 도모했네

斬山闢堁 산을 자르고 굴을 여는데

水不○德 물도 그 덕을 ○ 못했네

績之靡勝 쌓을수록 더욱 좋아지

事半功倍 반만 일해도 공은 갑절이라

祚自乳役 조그만 노역에서 시작했더니

化邁海探 바닷가 채집까지 교화되었네

公之爲功 공이 세우신 공덕은

匪止旅年 임기 동안에 그치지 않았네

新續攸愁 걱정하는 것을 새로 이어서

後弊仍蠲 나중의 폐단도 이어 줄였네

頌溢隣城 칭송이 이웃 고을에도 넘치고

德況慈州 은덕은 다스린 고을을 덮었네

心銘口碑 마음에 새기고 입으로 칭송해도

久則難留 오래 되면 지키기 어려우리

壽莫如石 오래 가야 돌이 최고지

可語其化 그 교화를 말할 수 있으니

鬱舟休載 큰 배에 실으면 아름다우며

潮文可假 멋진 문장에 실을 수 있지

刊此龜珉 여기 오래 갈 돌에 새기어

聊鎭鎭城 진관과 성읍에 세워두리

鬼護人欽 귀신도 사람의 흠모를 보호해

永○○○ 영원히 ○○○

[좌측면]

庚辰 七月 日
水原 金致護
慶州 金 駿
礪石都監 權鳳休

경진년(182○) 7월 일

수원 김치호 경주 김준 여석도감 권봉휴

민완(閔琓, 1764~?)

조선 후기의 무신이다. 본관은 여흥이고 아버지는 부사 민광
진(閔光晉)이다. 1794년 무과에 급제하였다. 금위영 초관, 훈련원
판관과 주부, 의금부 도사, 형조정랑을 거쳐 연일현감을 지냈다.

연일에는 1817년 현감으로 부임하였다.

[행적]

• 『승정원일기』 순조 14년(1814) 12월 25일

민완을 의금부 도사(義禁都事)로 삼았다.

• 『승정원일기』 순조 17년(1817) 5월 29일

"연일현감 민완에 대해 사헌부에서는 서경(署經)을 하였으나 훈
련원에서는 서경을 하지 못했습니다. 외방에 있는 사람을 제
외하고 숙배하지 않은 인원을 즉시 패초하는 것이 어떻겠습니
까?"

"서경을 면제하라."

3.1.7 연일현감 최희석 선정비

縣監崔公憙錫淸德愛民碑

（후면）

有惠則懷 有功則頌 乃民之情也 故漁陽有兩
歌 若耶有百錢之齋 至若我侯之來也 皆曰何暮
及其去也 咸願鑊功 儘乎一片之面 可載萬口之頌
況昔我統相公諱橊苽 玆有碑 今我侯以六世
孫克繩先趾 亦云美矣 幹事趙縉義請銘于余曰記
不可旣 願一言以蔽之 余亦沐浴淸化者 義不敢辭
遂銘之曰 山繭減戶 海蟹登筐 如傷以岬 有口難忘
崇禎紀元後 四甲寅 陽月下澣 水原 金琪 謹撰

주소 : 포항시 남구 연일읍 동문로 56
지번 : 포항시 남구 연일읍 동문리 47-1
위치 : 영일중고등학교 서편 화단
높이×넓이×두께 : 91×41×13cm
비좌 : 결실
비개 : 결실(비 상단에 비개를 꽂았던
　　　돌출부 있음)
기타 : 1980년대 중반에 읍내에 방치된 것을
　　　옮겨 왔으나 학교 화단에 30㎝정도
　　　깊이로 묻혀 있으므로 행정복지센터로
　　　이전할 필요가 있음

[문면 해석]

縣監崔公憙錫淸德愛民碑 현감 최희석공 청덕 애민비

[후면]

有惠則懷 有功則頌 乃民之情也 故漁陽有兩
錢之齋 至若我侯之來也 皆曰何暮 及其去也 咸願鑊功 儘乎

一片之面 可載萬口之頌 況昔我統相公諱橚 莅茲有碑 今我
侯以六世孫克繩先趾 亦云美矣 幹事趙縉義請銘于余曰 記
不可旣 願一言以蔽之 余亦沐浴淸化者 義不敢辭 遂銘之曰

은혜를 입으면 마음에 품고 공이 있으면 칭송하는 것이 바로 백성의 인정이
다. 그러므로 어양에는 두 가지 노래[56]가 있었고 약야에는 백전을 바친 일[57]이
있었다. 우리 원님이 오시자 모두 어찌 늦게 오셨는가고 했고, 가실 때에는 모두
그 공을 새기고자 하였다. 다만 한 조각 돌이지만 일만 백성의 칭송을 실을 수
있게 되었다. 하물며 옛날 통제사 최숙(崔橚)[58]상공께서도 여기 부임하셔서 선
정비가 있었는데, 지금 우리 원님이 그 6세손으로 선조의 발자취를 잘 따르시니
또한 아름답다고 하겠다. 간사 조진의가 나에게 비명을 청하면서, "글로 써서는
다하지 못하겠으니 한 마디로 표현해 주십시오."라고 했다. 나 역시 맑은 교화
에 목욕한 사람이므로 의리상 사양할 수 없어 마침내 명을 지었다.

山繭減戶　산 누에치는 호역을 줄였고

海蟹登筐　바닷게는 광주리에 올랐네

56　어양에는 … 노래 : 후한(後漢) 때의 어진 수령인 장감(張堪)이 어양 태수(漁陽太
　　守)가 되어 선정을 베풀자, 백성들이 그를 칭송하여 노래하기를 "뽕나무엔 붙은
　　가지가 없고, 보리 이삭은 두 갈래가 생기었네. 장군이 고을을 다스리니, 즐거움을
　　감당치 못하겠네.〔桑無附枝 麥穗兩岐 張君爲政 樂不可支〕"라고 하였다. 《後
　　漢書 卷31 張堪列傳》

57　약야에는 … 바친 일 : 후한(後漢)의 어진 관리인 유총(劉寵)이 회계(會稽) 수령이
　　되어 선정을 행했는데, 장작대장(將作大匠)에 임명되어 회계를 떠나게 되었을 때
　　5~6명의 노인이 약야곡(若耶谷)에서 나와 그동안의 선정에 사례하는 뜻으로 사
　　람마다 백전(百錢)을 바쳤다. 이에 유총은 그 성의를 무시하지 못하고 각기 일전
　　(一錢)을 받고 떠났다. 《後漢書 卷106 循吏列傳 劉寵》

58　최숙(崔橚) : 1646~1708. 조선 중기의 무신이다. 무과에 급제한 후 1676년 연일
　　현감으로 부임하였는데, 선정을 펼친다는 암행어사의 보고에 의해 비단을 상으로
　　받았다. 그 뒤 삼도수군통제사 등 많은 무관직을 역임하였다. 병법서로『진법언해
　　(陳法諺解)』,『병학지남(兵學指南)』등의 저서가 있다.

如傷以岫 다친 아이보듯 안타까워하니

有口難忘 입있는 자마다 잊지 못하리

崇禎紀元後 四甲寅 陽月下澣 水原 金琪 謹撰

숭정기원후 4갑인(철종5, 1854) 1○월 하한

수원 김기 삼가 지음

최희석(崔憙錫)

조선 후기의 무신이다. 본관은 수성(隋城)이다. 1836년 수문장으로 관직을 시작하여 오위장과 전라중군을 거쳐 연일현감을 지내고 동지중추부사에 이르렀다. 1852년 연일현감에 부임하여 1854년 이임하였다.

[행적]

• 『승정원일기』 헌종 6년(1840) 4월 10일
  전 수문장 최희석에게 절충장군(折衝將軍)을 가자한다.
• 『승정원일기』 철종 3년(1852) 7월 20일
  최희석을 연일 현감(延日縣監)으로 삼았다.
• 『승정원일기』 철종 8년(1857) 7월 13일
  최희석을 동지(同知)에 단부하였다.
• 『승정원일기』 철종 9년(1858) 12월 2일
  최희석을 전주 영장(全州營將)으로 삼았다.

縣監南公順元善政碑

氷壺秋月　百堵皆安
洞照遐濱　庶草逢春
亥日復明　萬口頌德
依舊永遵　石面不湮
（후면）

都監　金度曄
有司　徐東俊柳東植
行商接長文桂永
場監接官馬成得
負商接長具鶴祚

光緒十三年丁未九月日立

주소 : 포항시 남구 연일읍 부조길 291번길 10
지번 : 포항시 남구 연일읍 중명리 838-4
위치 : 중명1리 마을회관 앞 길가
높이×넓이×두께 : 103×35×14cm
비좌 : 신설 / 비개 : 옥개형 52×24×35

[문면 해석]

縣監南公順元善政碑　현감 남순원공 선정비

氷壺秋月　맑고 투명한 가을 달

洞照遐濱　멀리 물가에 비추었네

百堵皆安　집집마다 모두 평안하니

庶草逢春　잡초조차 봄을 맞은 듯

亥日復明　어둡던 해 다시 밝으니

依舊永遵 옛 법대로 길이 따르리

萬口頌德 일만 백성은 덕을 칭송하고

石面不湮 새긴 비석은 변하지 않으리

[후면]

都監 金度曄

有司 徐東俊 柳東植

行商接長 文桂永

場監官 馬成得

負商接長 具鶴祚

光緒 十三年 丁未 九月 日 立

도감 김도엽

유사 서동준 류동식

행상접장 문계영

장감관 마성득

부상접장 구학조

광서 13년(1887) 정미 9월 일 세움

남순원(南順元)

조선 말기의 무신이다. 자는 치학(致學)이다. 본관은 의령이
며 아버지는 병사(兵使) 남계복(南啓宓)이다. 1880년 선전관으로
임용되어 군직을 역임하였다. 1886년 연일 현감으로 부임하여
1887년 기장 현감으로 가면서 이임하였다.

- 『승정원일기』 고종 17년(1880) 7월 29일
  남순원(南順元)을 선전관으로 삼았다.
- 『승정원일기』 고종 17년(1880) 12월 16일
  선전관 남순원이 서계하였다.
  "신이 이달 13일 진시(辰時) 쯤에 얇은 옷을 입은 사람들과 거지들을 적간하는 일로 승정원에 내린 전교를 공경히 받들고서 남영, 서영, 북영, 금위영, 금위영의 신영, 훈련도감, 훈련도감의 신영 및 숙정문, 창의문, 돈의문, 소의문, 숭례문에 입직한 군병 및 각문의 수직군에게 가서 자세하게 살펴보았습니다. 그 결과 입고 있는 옷의 얇음과 두터움이 일정하지는 않았지만, 모두 추위를 호소하는 걱정은 없었습니다.
  다만 창의문의 복직군(卜直軍) 박춘경·최천길, 돈의문의 복직군 김순봉·김종복, 소의문의 복직군 김금동·조재돌, 숭례문의 복직군 윤원문·강순이 등 8명은 옷이 얇아 추위에 떨고 있는 상황이 실로 애처로웠습니다.
  이어 남문(南門) 밖에 있는 거지장막에 가서 한 사람 한 사람씩 살펴보았더니, 거지 38명이 추위와 굶주림을 호소하는 모습이 애처로웠습니다. 그러므로 일일이 위로한 다음 한 사람도 막사 밖으로 내쫓지 말라는 뜻으로 각별하게 우두머리 거지에게 신칙하였습니다."
  전교하였다.
  "알았다. 빈 거적을 지급하여 돌보아 주되, 해당 청으로 하여금 제급(題給)하게 하고, 얇은 옷을 입은 수문군들은 해당 군영으로 하여금 제급하게 하라고 분부하라."

- 『승정원일기』 고종 23년(1886) 7월 29일
  남순원을 연일 현감(延日縣監)으로 삼았다.
- 『승정원일기』 고종 24년(1887)7월 28일
  이조에서 아뢰었다.
  "새로 제수된 기장 현감(機張縣監) 이기방(李起邦)이 어버이 병이
  침중하여 전혀 부임할 가망이 없다고 합니다. 개차하는 것이
  어떻겠습니까?"
  "연일 현감(延日縣監) 남순원(南順元)과 서로 바꾸라."
- 『승정원일기』 고종 25년(1888)3월 21일
  "기장 현감(機張縣監) 남순원을 내금위장(內禁衛將)에 제수하라."

3.1.9 연일현감 조동훈 선정비

縣監趙公東勳復市善政碑

承上莅下 閭井撲地
仁政無私 貫舊如之
旗亭霧列 商歌獻賈
同得陽春 永久而遵

주소 : 포항시 남구 연일읍 부조길 291번길 10
지번 : 포항시 남구 연일읍 중명리 838-4
위치 : 중명1리 마을회관 앞 길가
높이×넓이×두께 : 102×34×11.5cm
비좌 : 신설 / 비개 : 결실

[문면 해석]

縣監趙公東勳復市善政碑 현감 조동훈공 복시 선정비

承上莅下 왕명을 받아 하향에 부임하니

仁政無私 어진 정사에는 사심이 없었네

閭井撲地 마을과 거리가 즐비한 이 고장

貫舊如之　옛날을 따라 똑같도록 하였네
旗亭霧列　장사집 깃발은 아득히 줄 서니
同得陽春　모두 같이 따뜻한 봄 맞은 듯
商歌獻賀　상인들 노래로 서로 축하하네
永久而遵　영영 장구토록 이 명령 지키세

[좌측면]

傳令 扶助場監官 及中明洞頭民
卽到付繡衣道甘結內云云敎是 故同
扶助場 二月初十日爲始 依甘結永爲
還設於本洞舊市基

부조장 감관(監官)과 중명동 두민(頭民)에게 전령함.

금일 도착한 암행어사의 감결(甘結)에서 이렇게 말씀하셨으므로, 동 부조장을 2월 10일부터 시작하여, 감결에 따라 본 마을 옛 시장터에 영구히 다시 설치함.

[후면]

此知委於商賈俾無不知之弊爲旀 若或有恃頑不遵之漢 指名告以爲捉囚論報之地爲旀 令辭揭付通壁宜當向事

이를 장사꾼에게 알려주어서, 알지 못했다는 폐단이 없게 할 것이며, 혹시 완력을 믿고 따르지 않는 자가 있으면 이름을 지적하여 아뢰어서 잡아 가두고 상부에 보고하도록 할 것이며, 명령한 내용을 통행하는 벽에 게시하는 것이 마땅할 것임.

(좌측면)
傳令扶助場監官及中明洞頭民卽到付繡衣道甘結內云云敎是故
同扶助場二月初十日爲始依甘結永爲還設於本洞舊市基
(후면)
此知委於商賈俾無不知之弊爲旀若或有恃頑不遵之漢指名
告以爲捉囚論報之地爲旀令辭揭付通壁宜當向事
洞頭民 孫鍾佑
金胄甲
金度曄
光緒四年戊寅二月 日立

洞頭民 孫鍾佑 金胃甲 金度曄 동 두민 손종우 김주갑 김도엽

光緒 四年 戊寅 二月 日 立 광서 4년(1878) 무인 2월 일 세움

조동훈(趙東勳)

조선 말기의 무신이다. 1874년 선전관으로 관직을 시작하여 외직으로 연일 현감, 곽산 군수, 함종 부사, 파주 목사 등의 수령직과, 전라 우수사, 경상 우병사 등의 무관직을 수행하고, 내직으로 훈련원과 총어영의 장수직을 역임하였다.

연일에는 1876년 현감으로 부임하여 1879년 곽산군수로 가면서 이임하였다.

[행적]

• 『승정원일기』 고종 11년(1874) 7월 12일

조동훈(趙東勳)을 선전관(宣傳官)으로 삼았다.

• 『승정원일기』 고종 11년(1874) 12월 9일

선전관 조동훈이 서계하였다.

"신이 전교를 공경히 받들고 남영·서영·북영과 금위영 신영·훈련도감 신영 및 숙정문(肅靖門)·창의문(彰義門)·돈의문(敦義門)·소의문(昭義門)·숭례문(崇禮門)에 입직한 군병 및 각문의 수직군 등을 낱낱이 상세하게 살펴보니, 입은 의복이 두껍고 얇은 차이는 있으나 모두 추위를 호소할 걱정이 없는데 창의문의 복직군 박춘경(朴春景)·조노미(趙老味)와 돈의문의 복직군 강복동(姜福同)·강용이(姜龍伊)와 소의문의 복직군 조만석(趙萬石) 등 8명은 얇게 입어 추위를 두려워하는 정상이 참으로 불쌍하며, 이어서

남문 밖 유개막에 가서 낱낱이 살펴보니, 유개 83명이 추위를 호소하고 굶주림에 우는데 정상이 불쌍하여 낱낱이 위로한 뒤에 1명이라도 막 밖으로 쫓아내지 말라고 우두머리 유개에게 각별히 신칙하였습니다. 감히 아룁니다."

"빈섬을 주고 돌보는 방도는 해청(該廳)에서 제급하도록 하고 수문군(守門軍) 중에서 얇은 옷을 입은 자에게는 해영(該營)에서 제급하도록 분부하라."

- 『승정원일기』 고종 13년(1876) 10월 11일
  조동훈을 연일 현감(延日縣監)으로 삼았다.
- 『승정원일기』 고종 16년(1879) 6월 25일
  조동훈을 곽산 군수(郭山郡守)로 삼았다.

3.1.10 연일현감 안연석 선정비

縣監安公鍊石去思碑

辛卯 四月 日
功垂二學 永世何援
德怏蠲役 迺刻新碣

주소 : 포항시 남구 대송면 남성안길 18-16
지번 : 포항시 남구 대송면 남성리 465
위치 : 남성재 입구 우측 경사면
높이×넓이×두께 : 96×46×23cm
비좌 : 시멘트 / 비개 : 61×34×30 운문 통단

[문면 해석]

縣監安公鍊石去思碑 현감 안연석공 거사비

辛卯 四月 日 신묘년 4월 일

功垂二學 공적으로는 두 향교에 드리웠고

德怏蠲役 덕으로는 요역을 줄일 생각만 했네

永世何援 영원한 세대에 무엇을 믿으리

迺刻新碣 이에 여기 새 비석을 새기노라

안연석(安鍊石, 1662~1730)

조선 후기의 문신이다. 본관은 순흥(順興)이고 자는 보천(補天)이며 호는 보만당(保晩堂)이다. 문장에 능하여, 젊어서 생원 진사에 뽑혔다. 1705년(숙종 31) 증광문과에 갑과로 급제하여, 경연관(經筵官)이 되어 임금에게 진강(進講) 중 민폐를 진언하고 이의 구제책을 주청(奏請)하였다. 1707년에 연일 현감으로 부임하였다. 1722년(경종 2) 신임사화 때 김일경(金一鏡) 일파의 왕세제 연잉군(延礽君: 뒤의 영조)의 위해(危害) 시도가 있자, 세제를 옹호하여 소론의 미움을 샀다. 그 뒤 양산군수를 역임했다.

[행적]

• 『승정원일기』 숙종 31년(1705) 11월 8일
안연석(安鍊石)을 종부시 직장(宗簿寺直長)으로 삼았다.

• 『승정원일기』 숙종 33년(1707) 12월 25일
안연석을 연일 현감(延日縣監)으로 삼았다.

• 『승정원일기』 영조 1년(1725) 7월 29일
안연석을 형조 좌랑(刑曹佐郎)으로 삼았다.

• 『승정원일기』 영조 3년(1727) 10월 16일
상께서 희정당에 납셨다. 영남별견어사 박문수(朴文秀)가 입시하기를 청하였다.
"… 연일 장기 고성 기장 등의 고을은 왕의 덕을 입지 못하고 있는데, 감영 통영 병영 수영에서 해마다 어물을 싼 값에 억지로 바닷가 백성에게서 사들였습니다. … 백성들이 부르짖는 것이 물불 가운데 있는 것 같았습니다. … 신이 영남에 있을 때 마침 양산과 가까워서 군수 안연석(安鍊石)이 다스리는 것을 보았

습니다. … 연석이 부임한 초기에는 민원이 많았습니다. 그래서 신이 상세히 물어보았더니, 받을 자에게 반드시 받으므로 일체 빼돌리는 것이 없었습니다. … 그가 조치하는 것이 모두 조리가 있었고 스스로 천여 냥의 돈을 비축하여 다로 고마청을 두었으므로 신구임이 송영(送迎)할 때에 백성에게 폐단을 끼치지 않을 수 있었습니다. 향교의 유생을 줄여 정했으므로 죽은 자에게 군포를 받는 일이 없었고, 그 밖의 정령과 시설에 백성이 복종하지 않는 것이 없었습니다. … 모든 수령이 이와 같다면 어찌 나랏일에 큰 도움이 되지 않겠습니까?"

3.1.11 연일현감 이공 오공 선정비

縣監李公追思碑
縣監吳公去思碑
崇禎 八年 乙亥 九月 日

（아랫단）
我二侯治績前後一揆
去後各立片石而○○
後不○得其○○○○
○○○○○○○○○
後來新○○○○○○

治二侯遺愛千載永記

주소 : 포항시 남구 대송면 남성안길 18-16
지번 : 포항시 남구 대송면 남성리 465
위치 : 남성재 입구 우측 경사면
높이×넓이×두께 : 91×51.5×16cm
비좌 : 시멘트
비개 : 86(좌 결실)×52×25 운문
기타 : 마모 심함. 비개의 반쪽이 깨어짐

[문면 해석]

縣監李公追思碑 현감 이공 추사비
縣監吳公去思碑 현감 오공 거사비
崇禎 八年 乙亥 九月 日 숭정 8년(1635) 을해 9월 일

[아랫단]

我二侯治績 前後一揆 去後 各立片石 而○○ 後○○○○

○○○○ ○○不得其○○○○ ○○○○○○○○○ ○○
○○○○○○○ ○○○○○○○○○ ○○○○○後來新○
治二侯遺愛千載永記

우리 두 원님이 다스린 사적은 앞뒤로 같은 규범이었다. 떠나신 뒤에 각각 작은 돌을 세웠으나 … 뒤에 오셔서 새로운 … 다스림이었다. 두 원님이 끼치신 사랑은 천년에 영원히 기억되리라.

오공(吳公, 오여벌(吳汝橃, 1579~1635)

조선 중기의 문신이다. 본관은 고창(高敞)이고 자는 경허(景虛)이며 호는 경암(敬菴) 남악(南岳)이다. 아버지는 부윤 오운(吳澐)이다. 1601년(선조 34) 생원 진사시에 합격하였다. 1603년 문과에 급제, 종부시직장(宗簿寺直長) 승문원정자를 비롯하여 정언 좌랑을 거쳐 수찬 교리에 이르렀고, 외직으로는 연일현감 울산판관 영천군수 대구도호부사 청송부사 창원부사 등을 역임하였다. 울산 창원 등지의 지방관으로 있을 때 선정을 베풀어 고을 백성들로부터 거사비(去思碑)가 세워지기도 하였다. 『주역』을 깊이 연구하여 『역괘도(易卦圖)』『천지만물도(天地萬物圖)』『음양오행도(陰陽五行圖)』를 저술하였고, 특히 역사에 조예가 깊어서 『중국역대총론(中國歷代總論)』과 『동국역대기사(東國歷代紀事)』를 남겼다. 저서로는 『경암집(敬菴集)』 6권 3책이 있다.

이공(李公) : 확인할 수 없음

[행적]

- 『선조실록』 선조 37년(1604) 11월 26일
  오여벌(吳汝橃)을 전적(典籍)으로 삼았다.
- 『계암일록(溪巖日錄)』 정묘(1627) 6월 23일
  경상감사 포폄 제목(褒貶題目) 영일 오여벌(吳汝橃) : '잔약한 것
  을 소생시키는 재능이 있어서 폐잔한 고을이 완전해질 수 있었
  다. [蘇殘有才, 弊邑可完]'

3.1.12 연일현감 신무 선정비

縣監申侯珷愛民善政碑

乙卯 六月 日

주소 : 포항시 남구 대송면 남성안길 18-16
지번 : 포항시 남구 대송면 남성리 465
위치 : 남성재 입구 우측 경사면
높이×넓이×두께 : 105×46.5×22cm
비좌 : 시멘트 / 비개 : 81×51×26 원당연봉형
기타 : 이름의 무珷자가 오독될 가능성이 높음

[문면 해석]

縣監申侯珷愛民善政碑 현감 신무 원님 애민선정비

乙卯 六月 日 을묘년(1735) 6월 일

신무(申珷, 1688~?)

조선 후기의 무신이다. 본관은 평산이고 자는 계진(季珍)이다.

아버지는 성천도호부사 신여석(申汝晳)이다. 1711년 무과에 급제하여 관직에 나왔으며 1734년 연일 현감으로 부임하여 이듬해까지 재직하였다.

[행적]
- 『승정원일기』 영조 10년(1734) 11월 23일
  신무(申珷)를 연일 현감(延日縣監)으로 삼았다.
- 『승정원일기』 영조 11년(1735) 8월 23일
  의금부의 말로 아뢰었다.
  "경상감사의 계본에 따라 본부에서 조사한 보고서에서 연일현감 신무와 전현감 엄택주 등을 잡아와 심문하는 일에 윤허를 받았습니다. 엄택주는 본부에서 대명하고 있으니 바로 잡아 가두고, 신무는 지금 임지에 있으니 관례대로 본부의 나장을 보내어 잡아오는 것이 어떻겠습니까?"
  "윤허한다."
- 『승정원일기』 영조 13년(1737) 11월 18일
  또 의금부의 말로 아뢰었다.
  "연일현감 신무에 대해 해당 부서에 명하여 처리하라는 명령을 내리셨습니다. 신무가 지금 임지에 있다 하니 관례대로 본부의 나장을 보내어 잡아오는 것이 어떻겠습니까?"
  "윤허한다."

3.1.13 연일현감 이위달 선정비

縣監李公渭達去思碑
都監鄭公之陽不忘碑

주소 : 포항시 남구 연일읍 남성길 1번길 152
지번 : 포항시 남구 연일읍 우복리 366
위치 : 우복1리 아랫마을 못둑밭
높이×넓이×두께 : 86×35.5×14cm
비좌 : 90×42 / 비개 : 단갈형
기타 : 원래 못둑이었던 곳을 개간한 밭 가운데 있음

[문면 해석]

縣監李公渭達去思碑 현감 이위달공 거사비

都監鄭公之陽不忘碑 도감 정지양공 불망비

[후면]

提之野 素肥沃 而無川流深源之漑 土之利 未盡出 被旱失
稔者多 庸爲耕者之患 而非人力所及 粤在己未 地主李侯 尹

（후면）

提之野素肥沃而無川流深源之漑土之利未盡出被旱失稔者
多庸爲耕者之患而非人力所及粤在己未地主李侯尹茲一年
勸耕稼導民利鄉人姓鄭名之陽亦有志於利物而慨然厥土之
美而嘆倡築堤蒙利之策議于衆衆皆恊告于侯侯曰諾劃丁辦
財役輪於面里財出於本坪而量入○川從作者之意無利己之
私不煩民廣費而告訖自是旱不爲災人樂有秋嗚嘻休哉微斯
人之功而其誰非我侯之德而伊誰今吾每飯意未嘗不在而不
可泯沒無跡刻石于茲用諗攸久遂爲之銘曰水之深兮李侯之
澤土之潤兮鄭公之力終不諼兮有扁之石

（좌측면）

道光九年 己丑 夏四月 日

堅石都監 幼學 張奎煥

兹一年 勸耕稼 導民利 鄉人姓鄭名之陽 亦有志於利物 而慨
然厥土之美 而嘆倡築堤蒙利之策 議于衆 衆皆恊 告于侯 侯
曰諾 劃丁辦財 役輪於面里 財出於本坪 而量入○川 從作者
之意 無利己之私 不煩民廣費而告訖 自是 旱不爲災 人樂有
秋 嗚嘻休哉 微斯人之功而其誰 非我侯之德而伊誰 今吾每
飯意 未嘗不在 而不可泯沒無跡 刻石于茲 用諗攸久 遂爲之
銘曰

　이 제방이 있는 들은 본래 비옥하였으나, 흐르는 하천이나 근원이 깊은 관개
시설이 없어서 땅의 이로움이 다 드러나지 못하였고, 가뭄을 당하면 곡식이 익

지 못하는 경우가 많았다. 이로써 농사짓는 사람의 근심이 되었으나 사람의 힘이 미칠 바가 아니었다. 지난 기미년에 현감 이위달 원님이 이곳의 수령으로 1년을 계시면서 농사를 권면하고 백성이 이롭도록 인도하였다. 고을사람 정지양이 또한 만물을 이롭게 하는 데에 뜻을 두고 그 땅이 좋은 것은 안타깝게 여겨, 제방을 쌓아 농사를 이롭게 하자는 계획으로 여러 사람에게 의논하니 모두 따랐으며 원님에게 고하니 원님이 허락하였다. 인력을 계획하고 비용을 장만하였는데, 부역은 면과 리에서 돌아가며 맡았고 비용은 본들에서 나왔다. 수입을 계산하여 하천을 …, 농사짓는 사람들의 뜻을 따랐고 자기가 이로우려는 사심이 없었다. 백성을 괴롭히지 않고 비용을 초과하지 않고 공사가 끝났다. 이때부터 가뭄도 재앙이 되지 못했고 사람마다 넉넉한 추수를 즐겼다. 아, 아름답다. 이 사람의 공이 없었으면 그 누가 했겠으며, 우리 원님의 덕이 아니었으면 그 누가 있겠는가. 지금 나도 일상의 마음이 늘 여기 있는데 자취가 없이 인멸되게 할 수 있겠는가. 여기 돌에 새겨서 영원한 시간에 알린다. 마침내 이를 위하여 명을 지었다.

水之深兮　물의 깊음이여
李侯之澤　이 원님의 은택이라
土之潤兮　땅의 윤택함이여
鄭公之力　정공의 힘이로다
終不諼兮　끝내 감추지 못하리
有扁之石　여기 돌에 새겼으니

[좌측면]

道光九年 己丑 夏四月 日　도광 9년(1829) 기축 여름 4월 일
竪石都監 幼學 張奎煥　수석도감 유학 장규환

이위달(李渭達, 1758~1833)

조선 후기의 문신이다. 본관은 전주이며 자는 사강(士剛)이고 처음 이름은 홍달(弘達)이다. 1786년 생원시에 합격하고 1792년(정조16) 식년 전시 을과에 급제하였다. 1803년(순조3) 홍문록 회권에서 3점을 얻어 입록되었으며 다음 해 2차 선발인 도당록 회권에서도 입격했다. 여러 내직을 거쳐 1806년 사헌부 장령으로 당시 우의정 서용보(徐龍輔)의 상소를 가지고 논척하다 남해현으로 유배되었다가 1809년(순조9) 풀려나 1826년(순조26) 문관 중시에 급제하여 승지에 올랐으며 그 후 규장각 부제학에 증직됐다. 연일에는 1799년 현감으로 부임하여 1801년 이임하였다. 연일 현감 재직중에 이름을 홍달(弘達)에서 위달(渭達)로 바꾸었다.

[행적]

- 『승정원일기』 정조 16년(1792) 3월 23일
  이홍달(李弘達)을 가주서(假注書)로 삼았다.

- 『승정원일기』 정조 23년(1799) 1월 14일
  이홍달을 연일 현감(延日縣監)으로 삼았다.

- 『승정원일기』 순조 즉위년(1800) 9월 3일
  부사과 이홍달(李弘達)이 정장을 올려 이름을 위달(渭達)로 고쳤음을 아뢰었다.

- 『승정원일기』 순조 1년(1801) 5월 22일
  이위달을 장령(掌令)으로 삼았다.

- 『승정원일기』 순조 2년(1802) 1월 29일
  이위달을 실록 편수관(實錄編修官)으로 삼았다.

3.1.14 연일현감 이장욱 선정비

縣監李侯長煜永思碑

癸卯 三月 日 土人山民刊

주소 : 포항시 남구 오천읍 장기로 1479번길 1-7
지번 : 포항시 남구 오천읍 세계리 409-1
위치 : 세계2리 마을회관 앞 정자 옆
높이×넓이×깊이 : 71×32×4cm
몸돌 100×95×60 / 비개 : 감실형
기타 : 마을회관 맞은편 정자 옆에 있음

[문면 해석]

縣監李侯長煜永思碑
현감 이장욱원님 영사비
癸卯 三月 日 土人山民刊
계묘년(1783) 3월 일 지방 사람과 산중 백성이 깎음

이장욱(李長煜)

　조선 후기의 무신이다. 선전관으로 관직을 시작하여 1782년 연일 현감으로 부임하였다.

　[행적]

- 『승정원일기』 영조 49년(1773) 6월 20일
　이장욱(李長煜)을 무신 겸 선전관(武臣兼宣傳官)으로 삼았다.

- 『일성록』 정조 6년(1782) 8월 7일
　이장욱(李長煜)을 연일 현감(延日縣監)으로 삼았다.

- 『일성록』 정조 7년(1783) 12월 15일
　연일 현감 이장욱에 대한 경상감사의 평가 '아객(衙客)들로 인한 비방은 우선 용서하고 진휼법을 시행하는 방식을 지켜봐야 하겠다.〔姑恕客謗 第觀賑法〕'

- 『승정원일기』 정조 7년(1783) 12월 20일
　이조에서 아뢰었다.
　"연일 현감(延日縣監) 이장욱(李長煜)과 사천 현감(泗川縣監) 박진환(朴晉煥)의 폄목(貶目)은 의당 하고에 두어야 하는데 중고에 두었으니 해조와 해부의 당상 및 양도의 도신을 추고하고 연일 현감 이장욱과 사천 현감 박진환은 파직하는 것이 어떻겠습니까?"
　"윤허한다."

- 『승정원일기』 정조 8년(1784) 2월 24일
　의금부에서 아뢰었다.
　"경상감사의 장계에 의하여 연일 전현감 이장욱을 본부의 처리에 옮겼습니다. 이장욱이 지금 대명하고 있으니 잡아가두는 일로 아룁니다."

"알았다."

- 『일성록』정조 22년(1798) 12월 22일

비변사가 아뢰었다.

"지난번 경주 부윤(慶州府尹) 오정원(吳鼎源)이 상소한, 해폐(海弊)에 대한 일로 인하여, 해폐를 거듭 금하고 나서 맨 먼저 흠집을 내는 해당 수령에 대해서는 위제율(違制律)을 시행하라고 명하셨습니다. … 맨 먼저 흠집을 낸 수령은 다음과 같습니다. 흥해(興海)에서 규정 외로 더 거둔 것은 갑진년(1784)부터 시작했고, 남해(南海)는 기유년(1789)에, 장기(長鬐)는 임인년(1782)에, 연일(延日)은 계묘년(1783)에 규정 외로 더 거두었기에 현고 성책(現告成冊)을 수정하여 올려보냅니다. 산군(山郡)과 해읍(海邑)을 막론하고 진상할 때의 정채(情債)를 전과 비교하여 더 징수하는 경우에는 잘 헤아려 결정하여 절목(節目)을 만들어 영구히 준행할 수 있도록 하였습니다. 전복(全鰒)과 그 밖의 다른 물종을 이무(移貿)하는 폐단에 대해서는 지금 막 수령들을 만나 의논했는데, 결정되면 추후에 첩보하겠습니다.'라는 내용입니다.

현고 성책을 가져다 살펴보니, 흥해의 해당 군수는 성대중이고, 남해의 해당 현령은 김종수(金宗洙)이고, 장기의 해당 현감은 장제두(張齊斗)이고, 영일(迎日)의 해당 현감은 이장욱(李長煜)입니다. 비록 근년에 범한 것은 아니지만 거듭 엄한 조정의 신칙을 받은 뒤에 어려워하지 않고 흠집을 낸 것은 대단히 놀랍습니다. 모두 의금부로 하여금 잡아다 신문하여 감률(勘律)하게 하는 것이 어떻겠습니까?"

3.1.15 연일현감 원우상 선정비

辛未
七月
日

(좌측면)
林應浩
金成得

(우측면)
東海頭民　李華植

伊誰之力　捐廩幾千
我侯之澤　山海俱被
何以報德　天地無涯

縣監元公禹常清德善政碑

侯來向暮　孜孜一念　海斂蠲減
闔境殷富　恒切祛瘼　漁船輻湊

주소 : 포항시 북구 양학로 17번길 42
지번 : 포항시 북구 득량동 52-2
위치 : 철길숲 정자 옆
높이×넓이×두께 : 89×33.5×18.5cm
비좌 : 신설 / 비개 : 65.5×52×25 옥개형

[문면 해석]

縣監元公禹常清德善政碑 현감 원우상공 청덕선정비

侯來向暮　우리 원님 늦어서야 오셔도

闔境殷富　온 고을이 넉넉히 부유해졌네

孜孜一念　애쓰고 노력하는 한 가지 마음

恒切祛瘼　항상 고통을 없애기에 절실했네

海斂蠲減　어민들 세금을 없애고 줄이니

漁船輻湊 고기잡이 배들이 모두 달려왔네
伊誰之力 이 모두 누구의 힘인가
我侯之澤 우리 원님 덕택이로다
捐廩幾千 여러 천금 창고를 열었으니
山海俱被 산과 바다가 함께 입었네
何以報德 무엇으로 덕택에 보답하리
天地無涯 천지와 같아서 끝이 없는데

[우측면]

東海頭民 李華植

金成得

林應浩

동해 두민 이화식 김성득 임응호

[좌측면]

辛未 七月 日 신미년(1871) 7월 일

원우상(元禹常, 1839~?)

　　조선 말기의 무신이다. 본관은 원주이며 아버지는 원세정(元世)
이다. 1856년 무과에 급제하였으며 1869년에 영일 현감(迎日縣
監)으로 부임했다. 1881년에는 선기장(善騎將)에 올랐다. 그 후 경
상좌도병마절도사(1882), 평안도병마절도사(1885) 등 외직으로
있다가 1888년에 경직인 한성부판윤이 되고 이듬해 별군직(別軍
職)을 맡았다. 1890년에 평안도병마절도사를 거쳐서 1896년 중

추원 1등의관 칙임관 2등과 함경북도관찰사 칙임관 3등. 1897
년 중추원 1등의관 칙임관 2등을 역임하였다. 1898년에 정2품
이 되었으며, 이듬해 경무사 칙임관 2등으로 근무하던 중에 함
령전(咸寧殿)에 황의수(黃義秀)가 난입한 사건이 있었다. 이에 대한
의법처리로 지도군 고군산(智島郡古群山)에 귀양 3년에 처해졌으
나 곧 특별 석방되었다. 1904년에는 육군참령(陸軍參領)에서 참
장(參將)에 승진하여 경무사 칙임관 2등, 유행병예방위원장(流行
病豫防委員長), 헌병사령관, 중추원의관 칙임관 2등을 역임하였다.
이듬해 육군법원장(陸軍法院長)이 되었다.

[행적]

• 『승정원일기』 고종 2년(1865) 12월 15일
  원우상(元禹常)에게 별군직(別軍職)을 내렸다.
• 『승정원일기』 고종 6년(1869) 12월 21일
  원우상을 연일 현감(延日縣監)으로 삼았다.
• 『고종실록』 고종 8년(1871) 6월 10일
  영일 현감(迎日縣監) 원우상(元禹常)에게 가자(加資)하고 영장(營
  將)의 이력으로 쓰도록 허용하며 지체 없이 시행하라고 명하였
  다. 도신(道臣)이 포계(褒啓)를 올렸기 때문이다.
• 『승정원일기』 고종 8년(1871) 6월 11일
  경상감사 김세호가 장계했다.
  "연일현의 기지를 이설할 때에 그 고을 현감 원우상이 진실한
  마음으로 기획하니 그 정성이 지극히 가상하며 사람들을 감독
  하고 독려하여 여러 달 노고했으니 격려하는 뜻을 보이실 만합
  니다. 상을 의논하는 것은 담당부서에 명하시어 품처하소서."

"특별히 직급을 올리고 영장의 이력으로 쓰도록 허용하라."
『승정원일기』 고종 8년(1871) 6월 20일
이조에서 아뢰었다.
"영일 현령(迎日縣令) 원우상에게 통정대부(通政大夫)의 자급을
더하라는 전교를 받들었습니다."

縣監李公熙稷永世不忘碑

我侯之德 石有時泐
無待金石 金有時鑠
一心淸白 願留不得
衆口藉赫 滄溟以酌
(후면)
咸豊八年 戊午 正月 日竪
都監 孫昌祚
洞長 金仁壽
贊書 朴冕柱

주소 : 포항시 북구 양학로 17번길 42
지번 : 포항시 북구 득량동 52-2
위치 : 철길숲 정자 옆
높이×넓이×두께 : 104×35×13cm
비좌 : 결실 / 비개 : 단갈형

[문면 해석]

縣監李公熙稷永世不忘碑 현감 이희직공 영세불망비

我侯之德 우리 원님의 덕망은

無待金石 금석에 새기기를 기다릴 것도 없네

石有時泐 돌도 깨지는 때가 있고

金有時鑠 쇠도 녹는 때가 있으니

一心淸白 마음이 한결같이 청백하심은

衆口藉赫 사람들마다 자자하게 밝혔지

願留不得 붙잡고 싶지만 그러지도 못하니

滄溟以酌 저 푸른 바닷물로 이별주 올리리

[후면]

咸豊八年 戊午 正月 日竪 함풍 8년(1858) 무오년 정월 일 세움

都監 孫昌祚 도감 손창조

洞長 金仁壽 동장 김인수

贊書 朴冕柱 찬서 박면주

[인적사항] : 전술함

[행적] : 전술함

3.1.17 연일현감 함정희 선정비

○○元年 四庚辰 十月 日 立

行縣監咸公諱正禧永世不忘碑

都監 金致德
首刱 李○○
　（좌측면）
碑首刱 金宜東

주소 : 포항시 남구 동해면 금광로 261
지번 : 포항시 남구 동해면 금광리 725
위치 : 금광리 마을숲 공원 입구
높이×넓이×깊이 : 64×34.5×1cm
몸돌 94×49×34 / 비개 : 감실형
기타 : 마을공원 입구, 하단기록은 선정비와
　　　무관한 현대의 기록임

[문면 해석]

○○ 元年 崇禎四庚辰 十月 日 立

　원년 숭정4경진(1820) 10월 일 세움

行縣監咸公諱正禧永世不忘碑

　행현감 함공 휘 정희 영세불망비

都監 金致德 도감 김치덕

首刱 李○○ 수창 이○○

碑首刱 金宜東 비 수창 김의동

함정희(咸正禧, ?~1817)

조선 후기의 무신이다. 1789년 한량으로 군직에 들어서서 군
관으로 재직하다가 1798년 관산 군수로 나가면서 외직 수령을
지냈다. 1804년 연일 현감으로 부임하여 1808년 보령 현감으로
가면서 이임하였다.

[행적]

- 『승정원일기』정조 13년(1789) 윤5월 11일
  평양에 사는 한량 함정희(咸正禧)를 훈련도감 별군관(別軍官)으
  로 삼았다.
- 『승정원일기』순조 4년(1804) 12월 22일
  함정희를 연일 현감(延日縣監)으로 삼았다.
- 『승정원일기』순조 5년(1805) 6월 5일
  경상감사 김희순(金羲淳)의 장계입니다.
  "연일 현감 함정희의 첩정입니다. '저희 현의 터전은 오염되고
  낮은 곳에 있습니다. 앞에는 바다가 있고 왼쪽에는 강을 끼고
  있습니다. 만약 비가 많이 내릴 때는 갑자기 범람할 근심이 있
  고, 관청과 민가가 한꺼번에 물에 잠길 수 있습니다. 그런데 저
  희 고을의 생지동(生旨洞)은 예로부터 길지여서 대소 인민이 모
  두 고을을 옮기고자 하여, 재물을 모으고 부역을 실시하면서
  자원하여 계획을 하고 있습니다. 또한 갑인년에는 본도에서 이

에 대하여 보고하였더니, 풍년이 들기를 기다려 계획하라는 명령이 있었습니다. 그러나 이렇게 풍년이 든 때에 백성의 소망에 따라 이설하고자 하나 방편이 될까 두려우므로 묘당에 명령하여 분부하라고 아뢰어 주십시오.' … 장계에 의해 시행하라고 하는 뜻으로 분부하시는 것이 어떻겠습니까?"

"아뢴 대로 시행하라."

• 『승정원일기』 순조 7년(1807) 6월 9일
  연일 현감 함정희에게 가의대부(嘉義大夫)를 가자하였다.

• 『승정원일기』 순조 8년(1808) 12월 22일
  함정희를 보령 현감(保寧縣監)으로 삼았다.

3
·
2

관찰사 연일

觀察使徐相公憙淳永世不忘碑

（좌측면）
道光十五年　乙未　正月　日　立

주소 : 포항시 남구 연일읍 철강로 10
지번 : 포항시 남구 연일읍 괴정리 289-1
위치 : 연일행정복지센터 서편 담장 밑
높이×넓이×두께 : 110×50.5×15cm
비좌 : 결실 / 비개 : 결실

[문면 해석]

觀察使徐相公憙淳永世不忘碑
　관찰사 서희순 상공 영세불망비

[좌측면]

道光十五年　乙未　正月　日　立　도광 15년(1835) 을미 1월 일 세움

서희순(徐憙淳, 1793~1857)

조선 후기의 문신이다. 본관은 달성이고 자는 치회(穉晦)이며
호는 우란(友蘭)이다. 1816년(순조 16) 정시 문과에 병과로 급제,
예문관에 등용되어 대교(待教)와 응교(應教) 등을 지냈으며, 1824
년 대사성이 되었다. 이어서 이조참의 대사간 홍문관부제학 이
조참판 예조참판 직제학 등을 지내고, 1833년 경상도관찰사로
나갔다. 1835년(헌종 1) 대사헌이 되고, 이듬해 형조판서에 올랐
다. 그 뒤 한성부판윤과 예조 병조 형조 호조 이조의 판서 및 좌
참찬, 판돈녕부사 지중추부사 등을 지냈으며, 1855년 진위 겸
진향사(陳慰兼進香使)로 청나라에 다녀왔다. 시호는 숙헌(肅獻)이
다.

[행적]

- 『승정원일기』 순조 20년(1820) 2월 30일
  규장각 검교 대교(奎章閣檢校待教)에 서희순을 단부하였다.
- 『승정원일기』 순조 33년(1833) 4월 17일
  서희순을 경상 감사(慶尙監司), 경상도 병마수군절도사(慶尙道兵
  馬水軍節度使)로 삼았다.
- 『순조실록』 순조 332년(1833) 12월 9일
  경상감사 서희순이 소를 올려 각 고을의 대동목(大同木)을 순전
  히 돈으로 바칠 것을 청하므로 비답하였다.
  "백성들의 형편이 이러하니, 특별히 호서에 이미 시행한 예에
  따라 시행할 것을 허락한다."
- 『승정원일기』 헌종 1년(1835) 1월 12일
  서희순을 대사헌(大司憲)으로 삼았다.

3.2.2 경상도관찰사 정기선 선정비

觀察使鄭相公基善永世不忘碑

（좌측면）
道光 十年 庚寅 九月 日

주소 : 포항시 남구 연일읍 철강로 10
지번 : 포항시 남구 연일읍 괴정리 289-1
위치 : 연일행정복지센터 서편 담장 밑
높이×넓이×두께 : 123×54×26.5cm
비좌 : 결실 / 비개 : 결실

[문면 해석]

觀察使鄭相公基善永世不忘碑

관찰사 정기선상공 영세불망비

[좌측면]

道光 十年 庚寅 九月 日 도광 10년(1830) 경인 9월 일

제2장 선정비 읽기 253

정기선(鄭基善, 1784~1839)

조선 후기의 문신이다. 본관은 동래(東萊)이고 자는 원백(元伯)이며 호는 수석(脩石)이다. 1812년(순조 12) 생원으로 정시문과에 을과로 급제하였다. 1815년(순조 15) 다시 한림소시(翰林召試)에 선발된 뒤 함경도암행어사로 발탁되어 문란한 지방행정을 바로잡기 위하여 노력하였다. 1817년(순조 17) 홍문록에서 4점을 얻은 뒤 직각 검상 이조참의 등을 지내고 부제학을 거쳐, 1827년(순조 27)에는 경상도관찰사가 되어 왜관소통사(倭館小通事)가 왜인들로부터 피해를 당한 것을 계기로 하여 왜인들을 방어하는 대책을 수립함과 아울러 국가에서도 강경책을 쓰도록 건의하여 이를 성사시켰다.

이듬해 경상도관찰사로서 도내의 극심한 재해를 극복하기 위하여 중앙에 구원을 요청하였는데 이때 왕은 특별히 내탕금(內帑金) 1만 냥을 하사하였으므로 이것을 바탕으로 하여 기민(飢民)을 구제하였다. 그 뒤 우부빈객(右副賓客)을 거쳐 1833년(순조 33)에는 예조판서에 올랐고 그 이듬해 다시 대사헌이 되었다.

[행적]

• 『순조실록』 순조 15년(1815) 5월 10일
  한림소시를 행하여 정기선(鄭基善)과 김도희(金道喜)를 뽑았다.

• 『순조실록』 순조 27년(1827) 8월 19일
  정기선을 경상도 관찰사(慶尙道觀察使)로 삼았다.

• 『경헌집(敬軒集)』[59] 권 12 비답

경상감사 정기선이 진휼할 자금을 청하는 장계를 올린 데 대한
비답(慶尙監司鄭基善請賑資狀達批)

"이 장계를 보니, 영남의 수만 생령이 굶주려 도탄에 빠진 모습
이 눈앞에 있는 듯하다. 대조(大朝-순조)께서 아끼고 불쌍히 여
기시는 성의를 받들고, 뭇 백성이 보전하기 어려운 형편을 생
각하니, 나 홀로 무슨 마음으로 궁중에서 평안하겠는가. 하물
며 내년은 우리나라에서 큰 경사의 해이니 어찌 백성과 함께
즐기는 거행이 없겠는가. 이미 아뢴 데 따라 내탕고 돈 1만 냥
을 특별히 내리노라. 묘당에서는 속히 내려 보내도록 하고, 그
밖에 청한 여러 조목들도 곧 아뢴 바를 따라서 너무 늦추었다
는 탄식이 없게 하라."

• 『순조실록』 순조 29년(1829) 3월 18일

왜관(倭館)의 소통사(小通事) 배말돈(裵末敦)이 관수왜(館守倭) 송
정구치(松井龜治)라는 놈의 칼에 찔렸는데, 이로 인하여 죽었다.
경상 감사 정기선(鄭基善)이 이로써 장달(狀達)하였다.

"흉악(凶惡)을 행한 관왜(館倭)를 반드시 상명(償命-사형)시킨 연
후에야 국가의 위신이 신장될 수 있으니, 청컨대 관수왜를 책
유(責諭)하여 빠른대로 정법(正法)할 것을 기약하소서. 동래 부사
(東萊府使) 김선(金鐥)과 부산 첨사(釜山僉使) 조윤붕(曹允鵬)은 평
일 제대로 다스리지 못하여 저놈이 우리나라 사람을 칼로 찌르
게 하였으니, 아울러 우선 파직하소서."

---

59 경헌집(敬軒集) : 순조의 아들 효명세자(추존 익종, 1809~1830)의 저술과 치적을
모은 문집이다. 효명세자는 19세에 대리청정을 시작하여 국가의 기강을 바로잡고
국력을 회복하려고 노력했으나, 대리청정 3년만에 22세로 갑자기 별세했다.

유사(攸司)로 하여금 품처(稟處)하게 하고 하령(下令)하였다.

"저놈이 우리 나라 사람을 칼로 찔러 죽인 것은 변괴라고 말할 만 하다. 살인자를 사형에 처하는 것은 법문(法文)이 매우 엄격하다. 상명(償命)하느냐의 여부(與否)는 이의(異議)가 없을 것 같은데, 칼에 찔린 자가 죽은 것이 40일의 고한(辜限) 후에 있었으니, 상명의 한 문제는 상량(商量)할 바가 있다. 묘당(廟堂)에서 충분히 의논하여 회달(回達)하도록 하라. 동래 부사는 변금(邊禁)을 제대로 엄히 단속하지 못하였으니 죄가 진실로 용서하기 어려우나, 이제 막 진휼(賑恤)을 베푸는 시기를 당하여 생무지에게 맡길 수가 없으니, 진휼이 끝나기까지 죄를 띤채 직무를 수행하도록 하라."

• 『순조실록』 순조 29년(1829) 6월 5일

정기선을 이조 참판(吏曹參判)으로 삼았다.

隣費廨役 威惠所及
不煩民力 海弊永革
觀察使金公世鎬永世不忘(碑)
同治十年 十一月 日

주소 : 포항시 북구 양학로 17번길 42
지번 : 포항시 북구 득량동 52-2
위치 : 철길숲 정자 옆
높이×넓이×두께 : 121×54×18cm
비좌 : 결실 / 비개 : 결실
기타 : 폐철로 산책로 공사중 발굴(2018)

[문면 해석]

觀察使金公世鎬永世不忘(碑) 관찰사 김세호공 영세불망비

隣費廨役 이웃에 물린 돈과 관청 짓는 부역에

不煩民力 백성의 힘을 번거롭게 아니하고

威惠所及 위엄과 은혜가 이르는 곳마다

海弊永革 바닷가 폐단이 영구히 개혁됐네

同治十年 十一月 日 동치 10년(1871) 11월 일

[인적사항] : 전술함 / [행적] : 전술함

3.2.4 경상도관찰사 윤자승 선정비

觀察使尹相國滋承永世不忘碑

棠化被漸　行旅願藏
浦謬先革　去客還集
鶩築舊巢　萬古烏汀
猵睡前陌　一片龜石

주소 : 포항시 북구 양학로 17번길 42
지번 : 포항시 북구 득량동 52-2
위치 : 철길숲 정자 옆
높이×넓이×두께 : 141×40.5×15cm
비좌 : 신설 / 비개 : 결실

[문면 해석]

觀察使尹相國滋承永世不忘碑

관찰사 윤자승상국 영세불망비

棠化被漸　관찰사의 교화를 입게 되면서

浦謬先革　바닷가 잘못이 먼저 고쳐졌네

嶺大藩而素稱難治苟非經濟之手不能治也何幸福星照臨不費辭色

從容得體之治敏於蒲蘆而暢達條理於士則治以文治於民則治以仁

治於船商則治以德治於島夷則治以不治於是乎學校之興謠俗之美

異類之服渾然順成咸獲化囿之治暨我船商輩數千里駕海自北而南

者也尤被柔摩之治吏胥浦魁稱貸誅求之弊一切嚴禁苦者還怡散

然復聚斂整頓顧藏其市絕域行旅蒙賜大矣滿心之感鏤骨之頌沛

流出終不可諠豈與凡化治一物治一事論詩曰赫赫師尹民其爾瞻

傳曰小人樂其樂而利其利其斯之謂也歟伐石序治刻之以頌曰文翁

之治蜀郡化韓子之治睡魚徒相國之治全省澄清百弊止

幼學秋溪 秋溪笠謹書

（우측면）

金性潞 北靑 張德觀 咸興 許潤國 江原 蒲川
金亨鍾 崔○秀 ○原 黃一淸 ○○
鄭尚烈 咸興 黃河潤 端川 崔汝亨 江陵
徐禎根 洪原 李寅浩 咸興

（좌측면）

崇禎紀元後 辛巳 八月 日竪
浦倉監官 折衝 鄭禮殷 宣所吏 鄭朱浣
咸鏡道監役都監 出身 金斗秀 咸興
洪斗一 出身 尹鶴淳 北靑

行旅願藏　나그네는 여기서 장사하기 원하고[60]

去客還集　떠난 손님은 다시 모였네

鷰築舊巢　제비는 옛 둥지에 집을 짓고

60　나그네는 … : 시장에 점포세만 받고 물품세는 받지 않거나, 관리하는 법만 두고
　　점포세마저 받지 않으면 천하의 상인들이 모두 기뻐하며 그 시장에 물건을 쌓아두
　　기를 원할 것이다.[市廛而不征 法而不廛 則天下之商 皆悅而願藏於其市矣]
　　《맹자 공손추 상》를 인용한 것이다.

猫睡前陌 삽살개 밭둑에서 졸고 있구나

萬古烏汀 만고 역사의 오천 물가에

一片龜石 한 조각 길이 전할 돌이 섰구나

[후면]

嶺大藩而素稱難治 苟非經濟之手 不能治也 何幸福星照
臨 不費辭色 從容得體之治 敏於蒲蘆 而暢達條理 於士則治
以文治 於民則治以仁治 於船商則治以德治 於島夷則治以
不治 於是乎學校之興 謠俗之美 異類之服 渾然順成 咸獲化
囿之治 曁我船商輩 數千里駕海 自北而南者也 尤被柔摩之
德治 吏胥浦魁 稱貸誅求之弊 一切嚴禁 苦者還怡 散者復聚
駸駸整頓 願藏其市 絶域行旅 蒙賜大矣 滿心之感 鏤骨之頌
沛然流出 終不可諠 豈與凡化治一物治一事論 詩曰 赫赫師
尹 民其爾瞻 傳曰 小人樂其樂而利其利 其斯之謂也歟 伐石
序治 刻之以頌曰

영남은 큰 지방인데 본래 다스리기 어렵다고들 해서, 진실로 경세제민의 솜
씨가 아니면 다스릴 수 없는데, 복성(福星)[61]이 임하여 비추어 준 것은 얼마나 다
행인가. 명령이나 위엄을 쓰지 않고도 조용히 다스림의 요체를 얻었고, 미약한
백성들을 민첩히 돌보아 일의 조리를 창달할 수 있었다. 선비들에게는 문치(文
治)로 다스렸고, 백성들에게는 인치(仁治)로 다스렸고, 어민과 상인에게는 덕치

---

61 복성(福星) : 왕명을 받들고 지방에 파견되는 관원을 말한다. 《산당사고(山堂肆
考)》에 "자준(子駿)이 절동 전운사(浙東轉運使)가 되어 길을 떠나려 할 즈음에
사마광(司馬光)이 말하기를 '지금 동쪽 지역의 폐단을 바로잡으려 할 경우, 자준
이 아니면 안 되니, 이는 일로(一路)의 복성(福星)이다.' 하였다."라고 한 데에서
유래한다.

(德治)로 다스렸으며, 섬오랑캐들에게는 불치(不治)로 다스렸다. 이렇게 하자 학교의 흥기와 풍속의 아름다움과 이민족의 복종이 혼연히 순조롭게 이루어져 모두 그 교화하고 기르는 다스림을 받았다. 게다가 우리들 상선으로 장사하는 사람들은 수천리 바닷길을 북에서 남으로 다니는 자들인데, 더욱 부드럽게 어루만지는 덕치를 입었다. 아전들과 바닷가 토호들이 빌려준다고 하면서 돈을 뜯어내는 폐단을 일체 엄금하니, 괴롭던 자는 다시 즐거워지고 흩어졌던 자는 다시 모였다. 차차 정돈이 되면서 그 시장에 물건을 쌓고자 하니, 막다른 곳에 행상하는 자들이 입은 은혜가 컸다. 온 마음 가득한 감사와 뼈에 새겨진 칭송이 저절로 쏟아져 흐르니 끝내 숨길 수 없었으니, 어찌 한 가지 물건이나 한 가지 일을 다스린 것과 함께 논하겠는가. 『시경』에서는 "혁혁한 사윤이여, 백성이 그대를 우러르도다."[62]라고 하였고, 『대학』 전(傳)에는 "소인은 그 즐겁게 함을 즐거워하고 이롭게 함을 이로워한다."[63]라고 한 것이 이를 이름이구나. 돌을 깎아서 다스림을 기록하고 칭송의 글을 새겼다.

62 시경에서는 … : 《시경》〈절남산(節南山)〉에 "높은 저 남산이여, 돌이 많이도 쌓였도다. 혁혁한 태사 윤씨여, 백성들이 다 너를 우러러보도다.[節彼南山 維石巖巖 赫赫師尹 民具爾瞻]"라고 한 데서 온 말이다.
63 대학 전에서는 … : 《대학장구》 전 3장에 "《시경》에 이르기를 '아, 전왕을 잊지 못한다.' 하였다. 군자는 전왕의 어짊을 어질게 여기고 그 친한 이를 친하게 여기며, 소인은 전왕이 즐겁게 해 줌을 즐거워하고 그 이롭게 해 줌을 이롭게 여기나니, 이 때문에 전왕이 돌아가시고 세상에 없어도 잊지 못하는 것이다.[詩云 : 於戲! 前王不忘. 君子賢其賢而親其親, 小人樂其樂而利其利, 此以沒世不忘也.]"라고 한 데서 온 말이다.

文翁之治蜀郡化 문옹(文翁)의 다스림에 촉군이 교화되었고[64]

韓子之治鱷魚徙 한자(韓子)의 다스림에 악어가 옮겨갔네[65]

相國之治全省澄淸百弊止

상국의 다스림에는 온 지역이 맑아지고 모든 폐단이 그쳤도다

幼學 秋溪 秋濮笙謹書

유학 추계 추집생 삼가 씀

[우측면]

金性潞 北靑 張德觀 咸興 許潤國 江原 蒲川

金亨鍾 崔○秀 ○原 黃一淸 ○○

鄭尙烈 咸興 黃河潤 端川 崔汝亨 江陵

徐禎根 洪原 李寅浩 咸興

김성로 북청 장덕관 함흥 허윤국 강원 포천

김형종 최○수 ○원 황일청 ○○

정상렬 함흥 황하윤 단천 최여형 강릉

서정근 홍원 이인호 함흥

64 문옹의 … 교화되었고 : 문옹(文翁, 기원전179~기원전101)의 이름은 당(黨)이고
자는 중옹(仲翁)으로 서한(西漢) 경제(景帝) 때에 촉군 태수(蜀郡太守)로 나가서
교화를 펼치고 학교를 일으켜 문풍(文風)을 크게 떨쳤다. 무제(武帝) 때 온 천하에
학교를 설립한 것은 문옹으로부터 비롯되었다고 한다.《漢書 卷89 循吏傳 文翁》

65 한자의 … 옮겨갔네 : 한자(韓子)는 당(唐)나라 때의 시인인 한유(韓愈, 768~
824)를 가리킨다. 한유가 819년에 지은 〈불골표(佛骨表)〉를 올렸다가 좌천되어
조주 자사(潮州刺史)가 되었는데, 그곳 악계(惡溪)에는 악어가 많은 피해를 끼쳐
백성들이 살 수가 없는 지경이었다. 때문에 〈제악어문(祭鱷魚文)〉을 지어 악계에
던졌는데, 그날 저녁에 바로 악계에 폭풍이 불고 천둥이 치더니, 수일 후에는 그곳
의 물이 다 말라서 악어가 온데간데없어 이로부터 악어의 해를 면하게 되었다고
한다.

崇禎紀元後 辛巳 八月 日竪

浦倉監官 折衝 鄭禮殷 宣所吏 鄭朱浣

咸鏡道監役都監 出身 金斗秀 咸興

洪斗一

出身 尹鶴淳 北靑

숭정기원후 (5)신사(1881) 8월 일 세움

포창감관 절충 정예은 선소리 정주완

함경도감역도감 출신 김두수 함흥

홍두일

출신 윤학순 북청

윤자승(尹滋承, 1815(순조 15) ~ ?)

조선 말기의 문신이다. 자는 중무(仲茂)이고 본관은 파평이
며 경상남도 창녕출신이다. 음보(蔭補)로 등용돼 1857년 서산군
수(瑞山郡守)로 선정을 베풀어 가자(加資)되고, 1859년 증광문과
에 갑과로 급제하여, 이조참의 사간원대사간과 승지를 지낸 뒤,
1865년에 전라도암행어사로 출두하여 관기를 다스리고 잠시 의
주부윤을 지냈다.

1868년 다시 상경(上京)해 병조참판 사간원대사간 예조참판
을 여러 차례 거듭 맡아보았고, 1874년 진하 겸 사은사(進賀兼謝
恩使)의 부사로 청나라에 사행하여 국제적인 정치 식견을 넓힐 수
있었다. 귀국 후 호조참판 한성부판윤 성균관대사성을 역임하면
서 도총부부총관을 겸하고 있다가 1876년 일본이 이노우에(井上

馨)와 구로다(黑田淸隆)를 파견, 수교를 요청해오자 도총부 부총관 (都摠府 副摠管)으로 접견대신(接見大臣) 신헌(申櫶)의 부관(副官)으로 서, 일본과 국교를 맺고 조선이 개항하게 되는 강화도조약(江華島 條約)의 체결에 참여, 조약 문서에 서명했다. 그뒤 공조판서 예조 판서(禮曹判書)를 지내고 1881년에 경상도관찰사의 일을 잠시 맡 았고, 다시 중앙관계에 예조 형조 병조 판서를 지냈으며, 사헌부 대사헌 예문관제학 홍문관제학과 시강원우빈객(侍講院右賓客)을 역임하였다.

[행적]

- 『승정원일기』고종 18년(1881) 5월 27일
  경상 감사 윤자승(尹滋承)이 장계했다.
  "진상(進上)할 생죽순(生竹笋)이 절기가 조금 일러서 죽순이 싹트 지 않았으니 기한 안에 봉진할 수 없습니다. 황공하여 대죄합 니다."
  "대죄하지 말라."
- 『승정원일기』고종 18년(11881) 윤7월 12일
  경상 감사 윤자승(尹滋承)이 장계했다.
  "저 왜(倭)가 빚을 추징한다는 구실로 경계를 넘어 소란을 일으 켰는데, 모두가 신이 제대로 신칙하지 못한 죄이므로 황공하여 대죄합니다."
  "대죄하지 말라."
- 『승정원일기』고종 18년 신사(1881) 10월 11일
  경상 감사 윤자승이 장계한, '경상도의 사람이 물에 빠져 죽고 민가가 물에 떠내려가거나 무너진 일'과 관련하여 이유승에게

전교하였다.

"밀양 등의 고을에서 수해가 나서 위유사를 임명하여 보냈는데 경주 등의 고을들에서도 재해가 났다는 보고가 계속하여 들어와 백성들이 물에 빠져 죽었거나 집이 무너진 수가 매우 많다니 슬픈 생각이 자나깨나 더욱 절절하다. 백성들을 구휼하고 보전시키는 일을 다 앞서 판부한 데 의거하여 거행하라. 그런데 관청 곡식을 감하고 계산하여 등급을 나누어 도와주는 것만으로는 나의 절절한 마음을 표할 수 없어 내탕전(內帑錢) 2000냥을 내려보내니 위유사는 감사와 충분히 상의하여 여러 고을들에서 전후로 재해 당한 백성들에게 적당히 나누어 주도록 분부하라."

3.2.5 경상도관찰사 조석우 선정비

觀察使曺相國錫雨永世不忘碑

戊辰 四月 日
甲寅施惠 欲言諸條
雖久難忘 水遠山長

주소 : 포항시 북구 양학로 17번길 42
지번 : 포항시 북구 득량동 52-2
위치 : 철길숲 정자 옆
높이×넓이×두께 : 137×51×18cm
비좌 : 신설 / 비개 : 78.5×45×42 옥개형

[문면 해석]

觀察使曺相國錫雨永世不忘碑

관찰사 조석우상국 영세불망비

甲寅施惠 갑인년[66]에 베푸신 은혜

---

66 갑인년 : 1854년이다. 실제로 조석우가 경상감사로 있었던 때는 1853~1854년인데, 이 비석은 그보다 10여 년 뒤에 세워졌다.

雖久難忘 오래되어도 잊을 수 없네

欲言諸條 여러 가지 일 말하려 하니

水遠山長 강은 멀고 산은 깊구나

戊辰 四月 日 무진년(1868) 4월 일

조석우(曺錫雨, 1810~?)

조선 후기의 문신이다. 본관은 창녕이고 자는 치용(稚用)이며 호는 연암(烟巖)이다. 1835년(헌종 1) 증광문과에 을과로 급제한 뒤 여러 관직을 역임하다가, 1852년(철종 3) 이조참판에 올랐다. 이듬해 경상도관찰사로 부임하여 지방을 다스리면서, 1854년 고조부 하망(夏望)의 문집인『서주집(西州集)』을 간행하였는데, 그 가운데 윤증(尹拯)에 대한 제문 속에서 송시열(宋時烈)을 비난한 글을 삭제한 것이 말썽을 빚어 유생의 줄기찬 항의로 파직당하여 중화에 유배되었다. 1857년 석방되어 공조참판에 올랐으며, 그 뒤 1867년 이조판서가 되었다. 시호는 문정(文靖)이다.

[행적]

- 『헌종실록』헌종 3년(1837) 8월 25일
  한림소시를 행하여 조석우(曺錫雨) 등을 뽑았다.
- 『철종실록』철종 4년(1853) 3월 11일
  경상감사 남병철과 평안감사 조석우를 서로 바꾸었다.
- 『철종실록』철종 5년(1854) 윤 7월 9일
  이조(吏曹)에서 경상 감사(慶尙監司) 조석우(曺錫雨)의 진휼(賑恤)을 마친 장계(狀啓)로써 복계(覆啓)하여, 비안 현감(比安縣監) 조영

화(趙永和)·함안 군수(咸安郡守) 이지민(李志敏)에게 승서(陞敍)의
은전(恩典)을 베풀고, 원납인(願納人) 청하(淸河)의 가선 대부(嘉善
大夫) 이동신(李東信)은 실직(實職)을 제수하며, 경주(慶州) 유학(幼
學) 홍인섭(洪寅燮)은 사인(士人)이므로 전례에 의하여 7품직(七品
職)을 가설(加設)하여 단부(單付)하고, 기장(機張)의 전 인의(引儀)
김종렴(金宗濂)과 장기(長鬐) 유학(幼學) 송동한(宋東翰)은 우선 참
하(參下)의 군함(軍銜)에 붙이었다.

• 『철종실록』 철종 5년(1854) 10월 11일
  조석우를 규장각 직제학(奎章閣直提學)으로 삼았다.

4. 옛 장기현

장기 현감

4 . 1

縣監朴侯萬淳奠民善政碑

捐廩鐲垈 實追古跡
來暮我侯 咸曰我侯
一如厚德 世世吾民
皆由我侯 永頌我侯
(후면)
乙丑 三月 日

주소 : 포항시 남구 장기면 읍내길 99
지번 : 포항시 남구 장기면 읍내리 108
위치 : 장기행정복지센터 정문 옆
높이×넓이×두께 : 102×37×12.5cm
비좌 : 시멘트 / 비개 : 단갈형

[문면 해석]

縣監朴侯萬淳奠民善政碑 현감 박만순원님 전민[67]선정비

捐廩鐲垈 창고 열어 지세를 없애시니

來暮我侯 이제야 오셨네 우리 원님

---

67 전민(奠民) : '전민거(奠民居)'라는 말을 줄인 것으로, 백성을 안정시킨다는 뜻이
    다.(『서경집전(書經集傳)』 권3 「하서(夏書)」)

實追古跡 옛 사적을 진실로 따르시니
咸曰我侯 다들 말하기를 우리 원님
一如厚德 한결같이 두터운 덕택이
皆由我侯 모두 나온 곳은 우리 원님
世世吾民 대대로 우리 고을 백성들
永頌我侯 길이 칭송하리라 우리 원님

[후면]

乙丑 三月 日 을축년(1865) 3월 일

박만순(朴萬淳, 생몰년 미상)

조선 말기의 무신이다. 1864년 장기 현감으로 부임하여 1865
년 신병으로 이임하였다.

[행적]

- 『승정원일기』 철종 1년(1850) 12월 26일
  박만순(朴萬淳)을 오위장(五衛將)으로 삼았다.
- 『승정원일기』 고종 1년(1864) 6월 20일
  박만순을 장기 현감(長鬐縣監)으로 삼았다.
- 『경상좌병영계록』 고종 1년(1864) 10월 11일
  도내(道內) 각 진(鎭)의 속오군(束伍軍) 및 주진(主鎭)의 군병들을
  취점하였는데, 지난달 20일을 획일적으로 통지하여 같은 날에
  거행하게 하였습니다.
  거행을 제대로 하였는지 여러 가지 방도로 탐찰(探察)하였더니,

… 장기 현감(長鬐縣監) 박만순(朴萬淳) … 등 10개 읍은 규례대로 거행하고 군오(軍伍)의 연습(鍊習)을 일체 정식(程式)대로 준행하였고 전마(戰馬)와 장기(裝器)도 모두 흠탈(欠頉)이 없었습니다.

• 『승정원일기』 고종 2년(1865) 9월 6일

이조가 아뢰었다.

"아직 하직하지 않은 수령 및 서울에 올라온 수령들을 해조로 하여금 며칠 사이에 재촉하여 내려보내도록 하라고 분부하셨습니다. 이리하여 본조에서 재촉하였는데 휴가를 받아 서울에 올라온 수령 중에 임피 현령(臨陂縣令) 김재중(金在重), 장기 현감(長鬐縣監) 박만순(朴萬淳)은 갑자기 병이 중해져서 아예 고을로 돌아갈 가망이 없다고 합니다. 그들의 병이 그러하다면 억지로 임소에 돌아가게 할 수 없습니다. 그들을 모두 파출시키는 것이 어떻겠습니까?"

"윤허한다."

4.1.2 장기현감 성화진 선정비

苦苦貿易 萊納下米 進上膽錄 吁嗟海瘼
今焉蠲減 情錢亦減 更無加減 自此永減
縣監成侯華鎭去思碑
丁巳 五月 日 海民改立

주소 : 포항시 남구 장기면 읍내길 99
지번 : 포항시 남구 장기면 읍내리 108
위치 : 장기행정복지센터 정문 옆
높이×넓이×두께 : 100×41×12.5cm
비좌 : 시멘트 / 비개 : 단갈형

[문면 해석]

縣監成侯華鎭去思碑 현감 성화진원님 거사비

苦苦貿易 사다 바치는 일 괴롭고 괴롭더니

今焉蠲減 지금은 없어지고 줄어들었네

萊納下米 동래에 바치는 쌀 내려보낼 때

情錢亦減 인정[68]이란 돈도 줄여주었네

進上膽錄 진상할 목록에 올라있는 물품도

更無加減 다시 더하거나 줄이지 않았네

吁嗟海瘼 아아 바닷가 백성의 고통이

自此永減 이로부터 영원히 줄어들었네

丁巳 五月 日 海民改立
정사년(1857) 5월 일 바닷가 백성이 고쳐 세움

성화진(成華鎭, 1792~?)

조선 후기의 무신이다. 자는 시백(時伯)이다. 본관은 창녕이며
아버지는 성재복(成載復)이다. 1825년 무과에 급제하여 선전관을
거쳐 장기 현감, 삼척 영장, 여산 부사를 거쳐 부호군(副護軍)을
지냈다. 장기에는 1839년 부임하여 1843년 삼척 영장으로 가면
서 이임하였다. 재임 중에 선정을 베풀어 암행어사의 보고서에
기록되었다.

[행적]

• 『승정원일기』 순조 32년(1832) 윤9월 5일
  성화진을 무신 겸 선전관(武臣兼宣傳官)으로 삼았다.

• 『승정원일기』 헌종 5년(1839) 7월 13일
  성화진을 장기 현감(長鬐縣監)으로 삼았다.

---

68 인정(人情) : 조선 후기에, 지방에서 공물이나 세금을 낼 때 일을 잘 처리해 달라고
   실무 관리들에게 주던 뇌물을 가리키는 말이다.

• 『승정원일기』 헌종 8년(1842) 8월 28일

경상좌도 암행어사 김응균(金應均)의 보고서를 보면, "… 장기 현감(長鬐縣監) 성화진(成華鎭)의 경우, 청렴결백한 천성으로 치적의 효험이 강직하고 밝았습니다. 무릇 공사간에 소용되는 것은 모두 백성에게 징수하고 있었는데, 이것을 일체 없애주고 스스로 준비한 것이 많았습니다. 모두 합하여 계산해보면 어물을 사들이는 데 매년 줄여준 것이 합산 3천여 냥이었고, 영주인이 가진 것으로 부역가 고용가 운구미 및 도망하여 돌아오지 않은 자로 관청에서 부담시킨 것이 쌀 100석과 모맥 180석이었습니다. 아전들이 간사한 짓을 하지 못하니 백성이 거절로 즐겁게 살게 되었으니 온 지경이 모두 칭송하였습니다. 잔약하고 쓸쓸한 고을에서 절실한 마음으로 직분을 다하기로는 여러 고을 중에 처음 보는 일이었습니다. … 마땅히 직급을 높이고 등용하는 전고를 베푸시는 것이 옳을 듯하오며 …"

『승정원일기』 헌종 9년(1843) 7월 20일 성화진을 삼척 영장(三陟營將)으로 삼았다.

縣監權侯載秉去思（碑）

（우측면）
乙未 二月 日

주소 : 포항시 남구 장기면 읍내길 99
지번 : 포항시 남구 장기면 읍내리 108
위치 : 장기행정복지센터 정문 옆
높이×넓이×두께 : 83×38.5×14cm
비좌 : 시멘트 / 비개 : 54×25×15 운문형

[문면 해석]

縣監權侯載秉去思(碑) 현감 권재병원님 거사비

[우측면]

乙未 二月 日 을미년(1835) 2월 일

권재병(權載秉, 1782~?)

조선 후기의 무신이다. 본관은 안동이며 아버지는 권사석(權師錫)이고 임진왜란 때의 선무공신 권응수(權應銖)의 후손이다. 1821년 음직으로 선전관에 임용되면서 관직에 나아가 훈련원 주부, 좌포장을 거쳐 장기 현감과 공주 영장(公州營將), 신도 첨사(薪島僉使) 등의 외직을 역임하였고 부호군(副護軍)에 이르렀다. 장기에는 1830년 현감으로 부임하여 1834년 공주 영장으로 가면서 이임하였다.

[행적]

• 『승정원일기』 순조 21년(1821) 12월 28일
  권재병(權載秉)을 무신 겸 선전관(武臣兼宣傳官)으로 삼았다.

• 『승정원일기』 순조 30년(1830) 12월 23일
  권재병을 장기 현감(長鬐縣監)으로 삼았다.

• 『승정원일기』 순조 34년(1834) 6월 25일
  권재병을 경상우도 병마우후(兵馬虞候)로 삼았다.

縣監李公周赫永世不忘碑

在漢循吏 裵帶風雅
有周干城 恩威竝行
賞金須料 非私礪軍
廢而復起 永固邊疆
壬午 四月 日 別砲廳立
(우측면)

주소 : 포항시 남구 장기면 읍내길 99
지번 : 포항시 남구 장기면 읍내리 108
위치 : 장기행정복지센터 정문 옆
높이×넓이×두께 : 102×41.5×16.5cm
비좌 : 시멘트 / 비개 : 단갈형

[문면 해석]

縣監李公周赫永世不忘碑 현감 이주혁공 영세불망비

在漢循吏 한나라 때는 순리(循吏)[69]가 있었고

---

69 순리(循吏) : 법을 지키고 이치를 따르는 관리라는 뜻으로 백성에게 선정(善政)을 베푼 지방관을 말한다. 《사기(史記)》〈태사공자서(太史公自序)〉에 "법을 받들고 이치를 따르는 관리는 공로를 자랑하고 능력을 과시하지 않아 백성의 칭송이 없지만 또한 잘못된 행적도 없다. 그러므로 순리 열전(循吏列傳)을 짓는다.〔奉法循理之吏, 不伐功矜能, 百姓無稱, 亦無過行, 作循吏列傳.〕"라고 하였다

有周干城　주나라 때는 간성(干城)[70]이 있었네

裵帶風雅　느슨한 옷을 입고[71] 풍류를 즐겨도

恩威竝行　은혜와 위엄이 함께 행해졌네

賞金須料　포상하는 돈과 내야할 금액이

廢而復起　폐지해도 곧 다시 일어났지만

非私礙軍　포군을 다스림에 사심이 없으니

永固邊壘　국경의 요새가 길이 견고했네

[우측면]

壬午 四月 日 別砲廳立　임오년(1882) 4월 일 별포청에서 세움

이주혁(李周赫, 1831~?)

　조선 말기의 무신이다. 본관은 전주이며 아버지는 이사겸(李思謙)이다. 1865년 음직 무관으로 관직에 나아가 장기 현감과 전라도 병마우후 등의 외직을 지내고 다시 내직으로 오위장을 지냈다. 이후에 삼척 영장(三陟營將), 아이 첨사(阿耳僉使) 등의 외직을 지내기도 했다. 조선 말기에 중추원 의관에 성명이 같은 사람

70　간성(干城) : 믿음직한 군대나 인재를 말한다. 《시경》〈주남(周南) 토저(兎罝)〉에 "굳세고 굳센 무부여, 공후의 간성이로다.[赳赳武夫, 公侯干城.]"라고 한 데서 온 말이다.

71　느슨한 옷을 입고 : 진(晉) 나라의 양호(羊祜) 군대를 맡고 있으면서 갑옷을 입지 않은 채 항상 가벼운 옷에 허리띠를 느슨히 풀어 놓고 있었으나 군사들이 모두 그 덕에 감복하였다. 진남 대장군(鎭南大將軍)이 되어 오(吳) 나라를 치다가 병사(病死)하자, 변경을 지키던 오 나라 군사들까지 그의 덕을 사모하여 눈물을 흘렸다고 한다. 양양(襄陽) 사람들이 그가 즐겨 노닐던 현산(見山)에 비석을 세웠는데, 그 비석을 보는 사람이 모두 눈물을 흘렸다는 데서 타루비(墮淚碑)라고 불렸다. 《通鑑節要 卷25 漢紀 後帝禪下》

이 있는데, 동일인인지에 대해서는 확인이 필요하다. 장기에는
1881년 현감으로 부임하여 1883년까지 재직하였다.

[행적]

- 『승정원일기』 고종 2년(1865) 1월 1일
  이주혁(李周赫)을 부장(部將)으로 삼았다.
- 『승정원일기』 고종 18년(1881) 7월 12일
  이주혁을 장기 현감(長鬐縣監)으로 삼았다.
- 『승정원일기』 고종 20년(1883) 12월 29일
  이주혁을 전라병우후(全羅兵虞候)로 삼았다.
- 『승정원일기』 고종 28년(1891)
  이주혁을 겸사복장(兼司僕將)으로 삼았다.

4.1.5 장기현감 박종철 선정비

縣監朴侯宗橄奠民善政碑

永蠲垈稅 流民咸歸
碑有遺愛 萬古德輝
（후면）
乙丑 十月 日 城內立

주소 : 포항시 남구 장기면 읍내길 99
지번 : 포항시 남구 장기면 읍내리 108
위치 : 장기행정복지센터 정문 옆
높이×넓이×두께 : 90×37×14cm
비좌 : 시멘트 / 비개 : 49×26×15 운문형

[문면 해석]

縣監朴侯宗橄奠民善政碑 현감 박종철원님 전민선정비

永蠲垈稅 지세를 영원히 없애시니

流民咸歸 유민들이 모두 돌아왔네

碑有遺愛 남기신 사랑 비석에 있으니

萬古德輝 만고에 그 덕이 빛나시리

乙丑 十月 日 城內立 을축년(1805) 10월 일 성내에서 세움

박종철(朴宗橄, 1762~?)

조선 후기의 무신이다. 본관은 울산이고 아버지는 박상렴(朴相濂)이다. 1784년 무과에 급제하여 관직에 나왔다. 오위장과 충익장 등의 무관 내직을 거쳐 1805년 장기 현감으로 나갔다가 다시 내직으로 옮겨 충장장 등을 지냈다. 장기에는 1805년 현감으로 부임하여 1807년 내직으로 옮기면서 이임하였다.

[행적]

• 『승정원일기』 정조 22년(1798) 9월 21일 박종철을 오위장(五衛將)으로 삼았다.

• 『승정원일기』 순조 6년(1806) 11월 18일
  의금부에서 아뢰었다.
  "경상감사 윤광현(尹光顯)의 장계를 보니, 장기현의 을축년조 해세(海稅)를 제때 내지 못한 수령으로 현임 장기 현감(長鬐縣監) 박종철의 이름을 아뢰었습니다. 박종철이 지금 임지에 있으니 관례대로 의금부의 서리를 파견하여 잡아오는 것이 어떻겠습니까?"
  "대명하기를 기다려 잡아오라."

• 『승정원일기』 순조 6년(1806) 12월 18일
  류경(柳畊)이 아뢰었다.
  "박종철은 장기 현감으로 균역청의 세금 기한을 여러 달 어겼

지만, 가벼운 죄에 해당되므로 하교에 따라 석방하였습니다."

"알았다."

• 『승정원일기』 순조 7년(1807) 6월 22일 박종철을 충장장(忠壯將)으로 삼았다.

4.1.6 장기현감 이면흡 선정비

縣監李侯勉翕愛民善政碑

廩鐲追作 邑省謬瘼
粒我惠澤 玉清粉白
(후면)
道光 七年 十月 日 立

주소 : 포항시 남구 장기면 읍내길 99
지번 : 포항시 남구 장기면 읍내리 108
위치 : 장기행정복지센터 정문 옆
높이×넓이×두께 : 100.5×44×14cm
비좌 : 시멘트 / 비개 : 38×33×14 운문형

[문면 해석]

縣監李侯勉翕愛民善政碑 현감 이면흡원님 애민선정비

廩鐲追作 창고에는 추작을 없애시고

邑省謬瘼 고을에는 고통을 줄이셨네

粒我惠澤 우리를 쌀밥 먹이신 혜택

玉清粉白 옥처럼 맑고 분처럼 희구나

道光 七年 十月 日 立 도광 7년(1827) 10월 일 세움

이면흡(李勉翕, 1778~?)

조선 후기의 무관이다. 자는 사숙(士叔)이다. 본관은 전주이며 아버지는 이봉주(李鳳柱)이다. 음관으로 1814년 무관에 임용되어 내외 무관직을 역임하였다. 장기에는 1826년 현감으로 부임하여 1828년 내직으로 가면서 이임하였다.

[행적]

- 『승정원일기』 순조 14년(1814) 2월 7일
  이면흡(李勉翕)을 부사과(副司果)로 삼았다.
- 『승정원일기』 순조 26년(1826) 12월 26일
  이면흡을 장기 현감(長鬐縣監)으로 삼았다.
- 『승정원일기』 순조 27년(1827) 12월 19일
  이조의 말로 아뢰었다.
  "… 여러 도의 포폄 계본을 보니, 장기현감 이면흡은 '아전을 단속하기를 잘 한다'로 제목을 삼았습니다. … 중고(中考)로 시행하는 것이 어떻겠습니까?"
  "윤허한다."
- 『승정원일기』 순조 28년(1828) 5월 14일
  이면흡을 부사과로 단부하였다.
- 『승정원일기』 헌종 2년(1836) 10월 5일
  이면흡을 전라병우후(全羅兵虞候)로 삼았다.

4.1.7 장기현감 최성원 선정비

縣監崔公聲遠永世不忘碑

（후면）

己丑 十二月 日

주소 : 포항시 남구 장기면 읍내길 99
지번 : 포항시 남구 장기면 읍내리 108
위치 : 장기행정복지센터 정문 옆
높이×넓이×두께 : 101×41×16.5cm
비좌 : 시멘트 / 비개 : 50×32×17 연화문

[문면 해석]

縣監崔公聲遠永世不忘碑 현감 최성원공 영세불망비

[후면]

己丑 十二月 日 기축년(1829) 12월 일

최성원(崔聲遠)

조선 후기의 무신이다. 1827년 오위장으로 관직에 진출하여 1828년부터 1829년까지 장기 현감으로 재직하였다.

[행적]

- 『승정원일기』 순조 27년(1827) 8월 2일
  최성원을 오위장(五衛將)으로 삼았다.
- 『승정원일기』 순조 28년(1828) 10월 7일
  최성원을 장기 현감(長鬐縣監)으로 삼았다.
- 『승정원일기』 순조 29년(1829) 6월 22일
  경상감사 정기선(鄭基善)이 진휼을 마치고 올린 장계에 의하면, … 장기 현감 최성원은 흉년의 재해가 이미 결정된 뒤에 부임하였는데, 한겨울에 진휼미를 나누어주고 봄 되어 춘궁기에 기민을 진휼하는 데에 온 힘을 다하였습니다. 관청에 비축된 것을 모두 팔아서 장사꾼에게 의논하고 곡식을 사들여 천여 석을 구해다가 수많은 백성의 목숨을 살렸습니다. 온 지경 안에서 그 덕택에 안연히 지낼 수 있었다고 하였습니다.
- 『승정원일기』 순조 29년(1829) 7월 24일
  장기 현감 최성원과 양천 현령 성규주(成奎柱)를 서로 바꾸었다.
- 『승정원일기』 순조 30년(1830) 윤4월 11일
  경상좌도 암행어사 조연춘(趙然春)의 보고서입니다.
  "장기 전현감(前縣監) 최성원의 경우, 한 마음으로 성은에 보답하고자 하니 모든 폐단에서 다 소생하였습니다. 진휼미를 나누어 줄 때는 자비로 천여 석을 준비하였더니 주린 백성이라도 죽을 염려는 없어졌습니다. 상인의 곡식 수백 포를 사들이니

가난한 백성들이 그 덕택에 사는 은혜를 입었습니다. 환곡 장부를 상세히 살펴보니 환곡 출입이 매우 공평하여 간사한 아전들이 간계를 부리지 못하였습니다. 어민들의 고통을 널리 물어서 바로잡은 조목이 있었는데, 잔약한 호구들이 힘을 펼 수 있었습니다. 사람마다 떠난 원님을 그리워하였고 입마다 칭송하여 비석처럼 되었다고 하였사온 바, 이와 같은 아름다운 사적은 포상하여 가자하는 것이 합당하옵니다.”

（郡守成侯）輔永去思碑

（頌侯來暮）海郡安堵

（俾民徯蘇）漁民祛瘼

（澄一）片心 去後登碑

（鐫二）千需 不朽是圖

（좌측면）

○○○○ 二月 日 郡民立

주소 : 포항시 남구 장기면 읍내길 99
지번 : 포항시 남구 장기면 읍내리 108
위치 : 장기행정복지센터 정문 옆
높이×넓이×두께 : 66×34.5×13cm
비좌 : 시멘트 / 비개 : 결실
기타 : 중간부분 부러짐, 다른 자료에서 원문
일부 확인

[문면 해석]

(郡守成侯)輔永去思碑 (군수 성보영원님) 거사비

(俾民徯蘇) (백성이 소생하기를 기다리다가)

(頌侯來暮) (원님이 늦게 오심을 칭송하네)

漁民祛瘼 어민의 고통을 없애시니

海郡安堵 바닷가 고을이 안도하네

(澄一)片心 (맑은 한) 조각 마음으로

(蠲二)千需 (이천) 수요를 제거하시니

去後登碑 가신 뒤에 비석에 올리는 것은

不朽是圖 없어지지 않기를 바라는 마음

[좌측면]

○○○○ 二月 日 郡民立 모년 2월 일 고을 백성이 세움

성보영(成輔永)

조선 말기의 문신이다. 1900년 장기 군수로 부임하여 1901년 보령 군수로 가면서 이임하였다.

[행적]

• 『승정원일기』 고종 28년(1891) 3월 20일
동몽교관(童蒙教官) 성보영(成輔永)

• 『승정원일기』 고종 37년(1900) 12월 29일
성보영을 장기 군수(長鬐郡守)에 임명하였다.

• 『승정원일기』 고종 38년(1901) 6월 14일
성보영을 보령 군수(保寧郡守)에 임명하였다.

• 『승정원일기』 고종 39년(1902) 10월 8일
성보영을 삼화감리서 주사(三和監理署主事)에 임명하였다.

（病瘼永革） 悠悠歲月
（恩澤斯銘） 洋洋德輝
（縣監朴侯萬）淳清德善政碑

주소 : 포항시 남구 장기면 읍내길 99
지번 : 포항시 남구 장기면 읍내리 108
위치 : 장기행정복지센터 정문 옆
높이×넓이×두께 : 49×33×14cm
비좌 : 시멘트 / 비개 : 결실
기타 : 중간부분 부러짐, 다른 자료에서 원문 일부 확인

[문면 해석]

(縣監朴侯萬)淳清德善政碑 (현감 박만순원님) 청덕선정비

(病瘼永革) 폐단을 영원히 고치신

(恩澤斯銘) 은택을 여기 새기노라

悠悠歲月　유유히 흐르는 세월 속에
洋洋德輝　양양한 그 덕망 빛나리라

[인적사항] : 전술함
[행적] : 전술함

4.1.10 장기군수 정윤영 선정비

鄉長 徐文穆
皇甫賢
郡守鄭侯崙永愛民蠲役(碑)
監董 金燊根
金聲振
西面任 皇甫洽

주소 : 포항시 남구 장기면 정천리 46-1
지번 : 포항시 남구 장기면 장기로 1174
위치 : 정천2리 마을회관 앞 옛길가
높이×넓이×두께 : 93×36.5×15cm
비좌 : 매몰 / 비개 : 92×50×25 옥개형
기타 : 마모 있음, 하단 시멘트 매몰

[문면 해석]

郡守鄭侯崙永愛民蠲役(碑)

군수 정윤영원님 애민견역(비)

[후면]

昔西門豹守鄴而去河憂 賈琮宰交趾而蠲珍弊 事雖不同

（右側面）
北面任 金鳳紀
○○○ 鄭在洙 戶房 朴泰亨
○○○ 鄭東翰 鄭炯林

（左側面）
永川 皇甫軫 記 主議 皇甫宸
李禛基
李周澤
庚子九月日

（後面）
昔西門豹守鄴而去河憂買琮宰交趾而鐲珍弊事雖不同○
一也我西北兩面赴役縣川未知刱自何時而認以應行之役○
痼瘼者久矣猗歟我侯下車三日親行視役知其爲弊而先布○
令繼示完文之題防其後弊堅於防川何其休哉玆兩面竭力○○
堅一碣圖所以不朽而畧述顚末以爲永世憑信之階焉
完題
日前永革令飭不下於完文則不必煩訴是矣如有○○
以此憑準向事

○○○一也 我西北兩面 赴役縣川 未知刱自何時 而認以應
行之役 ○○痼瘼者久矣 猗歟我侯 下車三日 親行視役 知其
爲弊 而先布○○令 繼示完文之題 防其後弊 堅於防川 何其
休哉 玆兩面竭力○○ 堅一碣圖所以不朽 而畧述顚末 以爲
永世憑信之階焉

完題

日前永革 令飭不下於完文 則不必煩訴是矣 如有○○ 以
此憑準向事

제2장 선정비 읽기　295

옛날에 서문표(西門豹)가 업(鄴) 고을을 다스려[72] 하내(河內)의 우환을 제거했으며, 가종(賈琮)은 교지(交趾)를 다스려[73] 진폐(珍弊)를 없앴으니, 그 일은 비록 다르지만 …은 하나이다. 우리 서면과 북면 두 면에서는 현의 개천에서 부역을 했는데, 어느 때부터 시작된 것인지도 모르면서 마땅히 해야 할 부역으로 알고 … 고질적인 괴로움이 된 지가 오래였다. 아아, 우리 원님은, 부임한 지 사흘만에 부역하는 것을 친히 가서 보시고 그것이 폐단이라는 것을 아시고, 먼저 … 명령을 선포하고, 이어서 완문(完文)의 제음(題音)을 보여주어서 그 뒤에 있을 폐단을 막고 하천을 막는 것을 견고하게 하였으니, 어찌 그렇게 아름다운가. 이제 두 면에서 힘을 다해 … 비석 하나를 세워 인멸되지 않게 하면서, 일의 전말을 대략 서술하여 영원히 믿을 근거로 삼고자 한다.

완문 제음

일전에 영구히 개혁한 내용에 대해 명령과 신칙을 완문으로 내려주지 않으면 불필요한 번거로운 소송이 있을 것이다. 만약 …이 있으면 이것으로 증거를 삼도록 할 일이다.

鄕長 徐文穆 皇甫賢
監董 金榮根 金聲振
西面任 皇甫洽

72 서문표(西門豹)가 … : 위 문후(魏文侯)가 적황(翟璜)의 천거를 받아들여 서문표(西門豹)를 임용하여 업(鄴) 땅을 지키게 해서 하내(河內)가 잘 다스려지게 된 일을 말한다.《史記 卷44 魏世家》

73 가종(賈琮)은 … : 후한(後漢)의 가종(賈琮)이 기주 자사(冀州刺史)로 부임하면서, 백성의 생활을 두루 보고 듣기 위하여 그동안의 관례를 무시한 채 수레의 휘장을 걷어 올리게 하면서[褰帷] "지방 장관은 멀리 보고 널리 들어야 하는데, 어찌 거꾸로 수레의 휘장을 드리운 채 자신의 귀와 눈을 가려서야 되겠는가."라고 하였다.《後漢書 卷31 賈琮列傳》

北面任 金鳳紀

○○○ 鄭在洙 戶房 朴泰亨

○○○ 鄭東翰 鄭炯林

[좌측면]

永川 皇甫軫 記 主議 皇甫宸 李禎基 李周澤

庚子 九月 日

향장 서문목 황보현

감동 김형근 김성진

서면임 황보흡 북면임 김봉기

○○○ 정재수 정동한

호방 박태형 정형림

영천 황보진 기록함 주의 황보진 이정기 이주택

경자년(1900) 9월 일

정윤영(鄭崙永, 생몰년 미상)

조선 말기의 문신이다. 가계와 출신에 대한 자료는 없다. 1887년 전보총국의 위원으로 차임되었고, 당시 설치된 전신주를 점검하기 위해 파견된 기록이 있다.

장기에는 1899년 군수로 부임하여 근무하고 이임했다가 1904년 진잠 군수로 전임하였다.

[행적]

• 『승정원일기』 고종 24년(1887) 6월 26일

전보총국(電報總局)에서 아뢰었다.

"저희 국의 사무가 매우 많으니 유학(幼學) 정윤영(鄭崙永)을 위원으로 차임하여 주시고 해당 부서에 구전으로 하비하시면 어떻겠습니까?"

"윤허한다."

- 『승정원일기』 고종 30년(1893) 8월 10일

전보총국에서 아뢰었다.

"전기로 통신하는 것은 신속한 것을 귀하게 여깁니다. 그런데 남북으로 전선을 가설한 것이 벌써 육년이나 되어서, 세워 둔 전신주가 곳곳에 썩고 상했으며, 금년 여름 비바람에 넘어진 것도 많습니다. 시급한 변방의 보고와 교섭하는 통신이 지체되는 것이 민망하오니, 모두 새로 고쳐 세우는 일을 조금도 늦출 수 없습니다. 그러므로 전신주를 예비하고 순찰병을 충원하라고 전기 통로 담당 영읍에 관문으로 신칙하였습니다. 지금 마땅히 부역을 일으켜야겠으니, 그 전에 점검을 해야 하겠습니다. 저희 국의 봉판 강원선(姜元善)과 위원 정윤영(鄭崙永)을 남북의 전기길에 나누어 파견하여 일일이 적간하여 오게 하는 것이 어떻겠습니까?"

"윤허한다."

- 『승정원일기』 고종 34년(1897) 4월 25일

정윤영을 고창 군수(高敞郡守)에 임명하였다.

- 『승정원일기』 고종 36년(1899) 12월 16일

정윤영을 장기 군수(長鬐郡守)에 임명하였다.

- 『승정원일기』 고종 41년(1904) 2월 6일 정윤영을 진잠 군수(鎭岑郡守)에 임명하였다.

4.1.11 성명미상 장기현감 4인

주소 : 포항시 남구 장기면 읍성길 40
지번 : 포항시 남구 장기면 읍내리 124
위치 : 장기읍성에서 내려오는 옛길가 자연석
높이×넓이×두께 :
80~82×30~33×1(테두리를 약간 파서
돌출시킴) cm
비좌 : 없음(자연석) / 비개 : 없음(자연석)
기타 : 자연석 큰 바위에 4기가 나란히 새겨져
있던 자취가 있음

[문면 해석]

문면은 완전히 훼손됨. 자연스럽게 마모된 것이 아니라, 의도
적으로 훼손한 흔적이 있음

극히 일부 글자 자리에 '감(監)', '비(碑)' 정도의 글자가 있는 듯
하지만, 의미 있는 문자는 읽히지 않음

[추정되는 수령]

이전의 기록에 의하면 옛 장기현에 선정비가 있었다고 하는데
현재 발견되지 않은 수령이 다음과 같다.

• 성종영(成鍾永)
1874 의릉참봉 1880 제용감 부봉사 1881 장악원 주부 1886
예안현감 1887 장기현감 1890 돈녕부 도정

- 임창재(任昌宰)

  1894 농상아문 주사 1897 산릉도감 감조관 1902 혜민서 참서관 1904 장기군수 1907 연일군수

- 이기선(李基善)

  1883 아오지만호 1884 금사별장

4.2.1 경상도관찰사 홍우길 선정비

觀察使洪公祐吉永世不忘碑

己未 十一月 日

주소 : 포항시 남구 장기면 읍내길 99
지번 : 포항시 남구 장기면 읍내리 108
위치 : 장기행정복지센터 정문 옆
높이×넓이×두께 : 135×43×16cm
비좌 : 시멘트 / 비개 : 단갈형

[문면 해석]

觀察使洪公祐吉永世不忘碑 관찰사 홍우길공 영세불망비
己未 十一月 日 기미년(1859) 11월 일

홍우길(洪祐吉)

조선 후기의 문신이다. 자는 성여(成汝)이며 호는 애사(藹士) 춘

산(春山) 연탄(硏灘)이다. 본관은 풍산이며 아버지는 홍정주(洪定周)이다. 1850년(철종 1) 증광문과(增廣文科)에서 갑과(甲科) 1위로 장원급제하였다. 이후 삼사의 정언(正言) 지평(持平) 사간(司諫)을 거쳐 1856년에 대사성(大司成)이 되었다. 그 뒤 이조참의(吏曹參議) 예방승지(禮房承旨)를 거쳐 1859년에는 경상도 관찰사(慶尙道觀察使)에 제수되었다. 이어 이조참판(吏曹參判), 공조 이조 예조 형조의 판서(判書), 한성부판윤(漢城府判尹), 대호군(大護軍)을 거쳐 이조판서(吏曹判書)가 되었다. 그림을 잘 그렸는데 화원(畵員)출신으로 첨절제사(僉節制使를)를 지낸 임전(琳田) 조정규(趙廷奎)와 동학(同學)이다.

[행적]

• 『철종실록』 철종 7년(1856)
홍우길을 성균관 대사성(成均館大司成)으로 삼았다.

• 『철종실록』 철종 9년(1858) 12월 15일
홍우길을 경상도 관찰사(慶尙道觀察使)로 삼았다.

• 『철종실록』 철종 10년(1859) 6월 19일
경상 감사 홍우길(洪祐吉)이 장계(狀啓)하였다.
"동래 부사(東萊府使) 김석(金鉐), 부산 첨사(釜山僉使) 장창환(張昌煥)은 변방의 금지된 곳에서 천창(賤娼)들이 왜관(倭館)에 잠입하여 저들과 교간(交奸)하게 하였으니, 평상시 신칙하지 않은 죄로 아울러 우선 파출(罷黜)하소서."

• 『철종실록』 철종 10년(1859) 7월 7일
경상 감사 홍우길(洪祐吉)이 장계(狀啓)하였다.
"동래부(東萊府)에서 여자를 유인하여 왜관(倭館)에 잠입시킨 죄인 김용옥(金用玉)을 초2일 오시(午時)에 관문(館門) 밖 저들이 보는 곳에서 효시(梟示)하였습니다."

• 『철종실록』 철종 11년(1860) 7월 1일
  홍우길을 이조 참판(吏曹參判)으로 삼았다.

4.2.2 경상도관찰사 서희순 선정비(2)

觀察使徐相公憙淳永世不忘碑
（좌측면）

崇禎四乙未 二月 日

주소 : 포항시 남구 장기면 읍내길 99
지번 : 포항시 남구 장기면 읍내리 108
위치 : 장기행정복지센터 정문 옆
높이×넓이×두께 : 121×45×16cm
비좌 : 시멘트 / 비개 : 67×41×23 운문형

[문면 해석]

觀察使徐相公憙淳永世不忘碑
　관찰사 서희순상공 영세불망비

[좌측면]

崇禎四乙未 二月 日　숭정4을미(1835) 2월 일

[인적사항] : 전술함 / [행적] : 전술함

5. 옛 경주부

5.1

옛 신광현

府尹趙相公耆永愛民善政碑

百里春風　惠澤沖瀜
一片氷壺　興情顒望

矯抹癈瘼　○○○○
公私正中　○○○○
（우측면）

同治 十年 辛未　○○○
監役 金宗禹
風憲 崔璣星　各里

주소 : 포항시 북구 신광면 토성길 37번길 13
지번 : 포항시 북구 신광면 토성리 340-3
위치 : 신광행정복지센터 동편 화단
높이×넓이×두께 : 63×26×15cm
비좌 : 결실 / 비개 : 결실
기타 : 마모 심함

[문면 해석]

府尹趙相公耆永愛民善政碑

　부윤 조기영상공 애민선정비

一片氷壺　한 조각 맑은 달빛

百里春風　백 리에 봄바람같네

興情顒望　백성들 마음으로 우러러 기다렸더니

惠澤沖瀜　은혜로운 덕택이 깊고도 넘쳤네

矯捄癈瘼　오래된 고통을 바로잡으시니

公私正中　공사에 모두 바르고 적중했네

○○○○　(파손)

○○○○　(파손)

[우측면]

同治 十年 辛未 ○○○ 各里

監役 金宗禹

風憲 崔璣星

동치 10년(1871) 신미 모월 모일 각리

감역 김종우

풍헌 최기성

조기영(趙耆永, 1971~1867)

　조선 말기의 문신이다. 본관은 풍양이며 자는 수경(壽卿)이다.

　1814년 문과에 장원으로 급제하고 여러 관직을 거쳐 1827년 성천부사가 되었다. 당시 대홍수를 만난 고을 백성들이 전답과 가재도구를 잃고 극심한 고통을 받게 되자 이들을 돕는 일에 심혈을 기울였다. 이러한 선정으로 가자(加資)되는 한편, 1833년 부호군이 되었다. 1837년(헌종 3) 이조참판을 거쳐 충청도관찰사로 나갔다. 이 때에도 지방행정의 모순을 시정하고 도민들의 복지 향상을 도모하는 일에 전력하였다. 1840년 동지부사로 청나라에 다녀왔으며, 1843년 대사헌에, 이듬해 예조판서가 되었다.

　1846년 형조판서, 2년 뒤 이조판서, 1849년 한성부판윤을 지냈고, 이 해 철종이 즉위하자 판의금부사가 되었다. 1852년(철종 3) 원접사(遠接使)로 청나라의 사신을 맞았으며, 상호군 형조판서를 지내고 지중추부사로서 관직에서 물러났다.

[행적]

- 『통제영계록(統制營啓錄)』 고종(高宗) 7년(1870) 4월 21일

  14일 묘시에 도착한 영일 현감(迎日縣監) 원우상(元禹常)의 치보에, '11일 신시에 백색의 돛 3개를 단 이양선 1척이 강서진(江西津)에서 출현하여 가다가 유시에 급하진(及下津) 외양(外洋)에서 나타나 북쪽에서 남쪽을 향해 갔습니다. 각 해당 후망 감관의 치고에 의거해 치보합니다.'고 하였습니다. 일시에 도착한 흥양 군수(興陽郡守) 김홍권(金弘權)의 치보에, '11일 신시(申時)에 백색의 돛 3개를 단 이양선 1척이 칠포(七浦) 및 강서진 외양(外洋)에서 출현하여 북쪽에서 남쪽을 향해 갔습니다. 각 해당 후망 감관의 치고(馳告)에 의거해 치보(馳報)합니다.'고 하였습니다. 일시에 도착한 청하 현감(淸河縣監) 최재삼(崔在三)의 치보에, '11일 유시(酉時)에 백색의 돛 3개를 단 이양선 1척이 방어진(方魚津) 외양(外洋)에서 출현하여 북쪽에서 남쪽을 향해 갔습니다. 후망 감관의 치고에 의거해 치보합니다.'고 하였습니다. 미시(未時)에 도착한 경주 부윤(慶州府尹) 조기영(趙耆永)의 치보에, '12일 묘시(卯時)에 백색의 돛 3개를 단 이양선 1척이 독산진(禿山津) 외양(外洋)에서 출현하여 북쪽에서 남쪽을 향해 갔습니다. 봉대 별장(烽臺別將)의 치고에 의거에 치보합니다.'고 하였습니다.

- 『통제영계록(統制營啓錄)』 고종(高宗) 7년(1870) 5월 17일

초7일 신시(申時)에 도착한 경주 부윤(慶州府尹) 조기영(趙耆永)의 치보에, '초5일 사시(巳時)에 백색의 돛 3개를 단 이양선 1척이 독산진(禿山津) 외양(外洋)에서 출현하여 북쪽에서 남쪽을 향해 갔습니다. 봉대 별장(烽臺別將)의 보고에 의거해 치보합니다.'고 하였습니다.

초8일 진시(辰時)에 도착한 장기 현감(長鬐縣監) 임우호(任禹鎬)의 치보에, '초5일 사시(巳時)에 백색의 돛을 단 이양선 1척이 북해진(北海津) 앞바다에서 출현하여 북쪽에서 남쪽을 향해 갔습니다. 후망 감관의 치고에 의거해 치보합니다.'고 하였습니다. 신시에 도착한 영일 현감(迎日縣監) 임우적(任禹鏑)의 치보에, '초5일 진시에 백색의 돛을 단 이양선 1척이 하진(下津) 외양(外洋)에서 출현하여 북쪽에서 남쪽을 향해 갔습니다. 후망 감관의 치고에 의거해 치보합니다.'고 하였습니다.

'위의 이양선이 초4일에는 1척이, 초5일에는 2척이 잠깐 사이에 기장의 바다에서 출현하여 모두 동쪽을 향해 가다가 종적이 사라졌고, 1척은 영일의 바다에서 출현하여 죽 남쪽을 향해 가면서 모습을 나타내다가 부산포(釜山浦)에 이르러 영영 종적이 사라졌습니다. 그래서 망을 보며 탐지하는 일에 대해 연해안의 각 읍진(邑鎭)에 엄히 신칙하였습니다. 장기 현감 임우호는 일반적으로 백색의 돛을 단 이양선이라고만 말하고 돛을 몇 개 달았는지에 대해 거론하지 않았으니, 변경의 사례로 헤아려 볼 때에 상당히 소홀하였습니다. 그래서 차지 감색(次知監色)을 본영으로 잡아다 곤장을 쳐 엄히 징계하였습니다. 이상의 연유를 장계(狀啓)한 뒤에 치보(馳報)합니다.'라고 하였습니다.

府尹閔相公致憲善政碑

我侯淸政　先察弊源
氷玉無瑕　特念賑憂
澤加隣邑　非徒金石
惠況玆州　萬口勝碑
(우측면)

光緒 二十年 甲午 五月 五日 各里立

주소 : 포항시 북구 신광면 만석리 282
지번 : 포항시 북구 신광면 비학로 1238
위치 : 구 비학초등학교 뒷담 앞
높이×넓이×두께 : 85×35×13cm
비좌 : 별석 / 비개 : 옥개형 65 41 20

[문면 해석]

府尹閔相公致憲善政碑 부윤 민치헌상공 선정비

我侯淸政 우리 원님의 청백한 정치

氷玉無瑕 얼음에 옥같이 흠이 없도다

先察弊源 먼저 폐단의 근원을 살피고

特念賑憂 구제할 걱정에 마음쓰셨네

澤加隣邑 이웃 고을에도 혜택을 더하는데

惠況玆州 하물며 이 고을에 은혜가 어떠리

非徒金石 다만 돌에 새길 뿐이 아니니

萬口勝碑 만백성 칭송이 비석보다 더하리

[우측면]

光緖 二十年 甲午 五月 五日 各里立

광서 2○년(1894) 갑오 5월 일 각 마을사람이 세움

민치헌(閔致憲, 1844~1903)

조선 말기의 문신이다. 여흥민씨로 음직(蔭職)으로 청하현감(淸河縣監) 등을 역임하다가 1885년 문과에 급제하여 그해 10월 홍문관부수찬이 되었다. 이듬해 돈녕부도정(敦寧府都正)이 되었으며, 1887년 9월 사간원대사간에 임명되었다. 1888년 4월 이조참의로 발탁되고 그해 8월 성균관대사성에 올랐으며, 이듬해 승정원우승지가 되었으며, 1892년 동지돈녕부사(同知敦寧府事)가 되었다. 1894년 고부에서 동학농민군이 봉기하여 전국적인 농민전쟁으로 비화될 즈음 지방관인 경주부윤의 외직에 있었다. 그리하여 동학농민전쟁 발발에 대한 책임을 지고 민씨척족들이 유배형을 받게 될 때 홍원현(洪原縣)에 정배되었다가 그해 9월 풀려났다.

1896년 중추원1등의관에 임명되고 칙임관2등에 서임되었으며, 1899년 궁내부특진관이 되었다. 1900년 4월 의정부찬정(議政府贊政)이 되고 이어 칙임관1등에 올랐다. 그해 7월 회계원경, 이듬해 다시 궁내부특진관과 칙임관1등에 이르렀다. 시호는 효

헌(孝獻)이다. 경주에는 1894년 부임하여 그해 6월 홍원에 유배 가면서 압송되었다. 청하현감 시절의 기록은 청하현 편에 수록하였다.

[행적]

• 『승정원일기』 고종 31년(1894) 6월 22일
정항조에게 전교하였다.

"백성들을 학대하는 것은 나라를 저버리는 것이다. 백성들이 안심하고 생활하지 못하면 어떻게 나라가 제구실을 할 수 있겠는가. 한 세상에 소문이 퍼져서 떠들썩하니 그 죄상을 가리기 어렵다. … 경주 부윤(慶州府尹) 민치헌(閔致憲)은 여러 차례 지방관을 맡았는데 분수에 넘치는 짓을 하고 욕심이 끝이 없어 만족할 줄 몰랐으니 원지 정배(遠地定配)하라. 이것은 내가 백성을 위해서 하는 것이고 또한 세신(世臣)을 보전하려는 고심(苦心)에서 나온 것이니, 모두 즉시 거행하도록 하라."

• 『승정원일기』 고종 31년(1894) 6월 25일
또 의금부의 말로 아뢰었다.

"좌찬성 민영준(閔泳駿)과 전 통제사 민형식(閔炯植)을 원악도 안치(遠惡島安置)하고, 전 총제사(摠制使) 민응식(閔應植)을 절도 정배(絶島定配)하고, 전전 개성 유수(開城留守) 김세기(金世基)를 원악지 정배(遠惡地定配)하고, 경주 부윤(慶州府尹) 민치헌(閔致憲)을 원악지 정배하도록 명을 내리셨습니다. 민영준은 전라도 영광군(靈光郡) 임자도(荏子島)에, 민형식은 흥양현(興陽縣) 녹도(鹿島)에 모두 원악도 안치하고, 민응식은 강진현(康津縣) 고금도(古今島)에 정배하고, 김세기는 경상도 영양현(英陽縣)에 원악지 정배하며, 민치헌은 함경도 홍원현(洪原縣)에 원악지 정배하되, 모두 전교 내의 내용으로 죄목을 갖춘 다음 민영준, 민응식, 김세기 등은 규례대로 본부의 도사를 보내어 각기 배소로 압송하고, 민형식은 규례대로 본부의 서리를 보내어 배소로 압송하고, 민치헌은 경주 부윤으로서 현재 임소에 있다고 하니 또한 본부의 서리를 보내어 임소에서 붙잡은 다음 배소로 압송하도록 하는 것이 어떻겠습니까?"

"윤허한다. 당일로 배소로 보내도록 하라."

옛
기
계
현

府尹趙相公明鼎永世不忘碑

徹疆興學　化洽一境
蠲徭正名　澤及千萲
崇禎後再辛未　九月　日

주소 : 포항시 북구 기계면 근면길 14
지번 : 포항시 북구 기계면 현내리 284
위치 : 기계행정복지센터 동편 화단
높이×넓이×깊이 : 91×32×6cm
몸돌 166×56×37cm
비좌 : 신설 / 비개 : 감실형

[문면 해석]

府尹趙相公明鼎永世不忘碑 부윤 조명정상공 영세불망비

徹疆興學 모든 지경 안에 학교를 흥기하며

蠲徭正名 요역을 줄이고 명분을 바로잡아

化洽一境 교화가 온 구역에 넉넉하였으니

澤及千萲 은택이 천년에 이르리로다

崇禎後再辛未 九月 日 숭정후 재신미(1751) 9월 일

조명정(趙明鼎, 1709~1779)

조선 후기의 문신이다. 본관은 임천(林川)이며 자는 화숙(和叔)이고 호는 노포(老圃)이다. 1735년(영조11) 생원시에 합격한 뒤 동몽교관(童蒙教官)으로 재직 중 1740년 정시 문과에 갑과로 급제하여 1742년 예문관 검열이 되었으며, 1744년 도당록(都堂錄)에 올랐다. 그 뒤 대사성, 대사헌, 이조 판서, 홍문관 제학 등을 역임하였고, 1776년 영조가 죽은 뒤 실록청(實錄廳)의 찬집 당상(纂輯堂上)에 뽑혀 《『영조실록』》의 편찬에 참여하였다. 저서에 『노포집』이 있다. 시호는 문헌(文獻)이다.

경주부윤으로는 1748년 임명되어 1750년 연임되고 1751년 성균관 대사성으로 가면서 이임하였다.

[행적]

• 『비변사등록』, 영조 26년(1750) 5월 30일

같은 날 인접하여 입대하였을 때에 좌의정 김약로가 아뢰었다. "일찍이 경상감사 민백상(閔百祥)의 장달(狀達)로 인하여 경주(慶州), 장기(長鬐), 연일(延日), 흥해(興海) 등 4읍은 개량(改量)하는 일로 복달(覆達)하고 분부하였었는데 양전(量田)을 다 끝내고 탈감(頉減-사유가 있어 탕감함)할 때에는 기총(起摠-기경 총수(起耕總數))을 계산하여 성책(成冊-문부(文簿), 장부를 작성함)으로 만들어 고을마다 각기 한 건씩을 올려보낼 터이니 호조에서는 올가을부터 새로 개량한 결수(結數)로 행용하는 일을 묘당으로 하여금 품처하게 해달라고 하고 또 경주부윤(慶州府尹) 조명정(趙明鼎)이 개량을 잘한 실상을 말하고 본주(本州)의 구진(舊陳)을 편의(便宜)하게 탕감 또는 강등(降等)하는 일도 아울러 묘당으로 하

여금 품처케 하기를 청하였습니다. 경주 등 4읍의 개량이 끝나서 원결(元結)의 감축이 없으면 보내준 성책을 고준(考準)한 뒤에 올 가을부터 새로 개량한 결수로 행용하라는 뜻으로 호조에 분부하겠으나 경주의 구진은 개량이 겨우 끝나자 탕감과 강등을 또 청한 것은 중첩됨을 면치 못하여 우선은 논의할 수 없으므로 이는 덮어두며 이 장달의 말단에서는 또 흥해군수(興海郡守) 이우평(李宇玶)이 개량을 잘 거행한 실상을 논열(論列)하고 그의 포상(褒賞)을 해조로 하여금 품처하게 하기를 청하기까지 하였습니다. 수령이 양전하는 일을 잘 마감한 것은 매우 가상한 일이나 이는 직분상(職分上) 당연히 해야 할 일에 지나지 않는데 도신이 이 일로 포상을 청한 것은 격례(格例)에 어긋나고 심히 온당치 못하니 도신을 추고하는 것이 어떻겠습니까?"

"그렇게 하라."

府尹閔相公泳稷善政碑

田闢墨野　役丁蕩闕
堰遏白渠　若子奠居
（후면）
溢百里化　斯銘斯石
播萬口譽　於府於閭
光緖 十六年 庚寅 二月 日
都監 孫秀正
金正九
面任 李錫根

주소 : 포항시 북구 기계면 근면길 14
지번 : 포항시 북구 기계면 현내리 284
위치 : 기계행정복지센터 동편 화단
높이×넓이×두께 : 135×40×15cm
비좌 : 신설 / 비개 : 옥개형 64 45 26

[문면 해석]

府尹閔相公泳稷善政碑 부윤 민영직상공 선정비

田闢墨野 변방의 들판에 전토를 개척하고[74]

---

74 변방의 … 개척하고 : 원문은 묵야(墨野)이다. 주나라 위왕이 즉묵대부를 불러 말
했다. "그대가 즉묵에 거한 뒤로부터 참소하는 말이 날마다 들렸다. 내가 사람을
시켜 즉묵을 살펴보니, 들판은 개척되었고 백성은 풍요하며 관청이 무사했다. 동
방이 이로써 평안하였다.[威王召卽墨大夫語之日 自子之居卽墨也 毀言日至
吾使人視卽墨 田野闢人民給官無事 東方以寧]"에서 인용하여, 선정을 칭찬하
는 뜻이다.(《통감절요》주열왕(周烈王) 6년 조)

堰遏白渠　방죽을 쌓아 도랑을 막았네[75]

役丁蕩闕　일꾼들의 벌금을 탕감해 주니

若子奠居　자식처럼 안정되게 거주하였네

溢百里化　백리 온 땅에 교화가 넘쳐

播萬口譽　만백성 입으로 전파되었네

斯銘斯石　이에 이 돌에 새겨서

於府於閭　고을과 마을에 세우네

[후면]

光緖 十六年 庚寅 二月 日

都監 孫秀正

金正九

面任 李錫根

광서 16년(1890) 경인 2월 일

도감 손수정 김정구

면임 이석근

민영직(閔泳稷, 1824~?)

　조선 말기의 문신이다. 자는 경예(敬藝)이다. 본관은 여흥이며 아버지는 민달용(閔達鏞)이다. 1840년 생원시에 합격하였다. 1886년 순창군수, 1888년 광주목사를 거쳐 1889년 경주부윤으

75　방죽을 … 막았네 : 백거(白渠)는 중국 섬서성(陝西省) 경내에 있는 구거(溝渠)인데 한(漢)의 백공(白公)이 만들었다 하여 붙여진 이름으로, 방죽을 만든 데 대한 칭송이다.

로 부임하였다. 1890년 동부승지로 내직으로 옮겨 1892년 공조
참판을 역임하였다.

[행적]

• 『승정원일기』 고종 26년(1889) 6월 25일
  경주부윤(慶州府尹)의 자리가 비었으므로 광주목사(光州牧使) 민
  영직(閔泳稷)으로 대신 제수하였다.
• 『승정원일기』 고종 27년(1890) 2월 18일
  "새로 동부승지에 제수된 민영직이 지금 경주의 임지에 있습니
  다. 속히 역마를 타고 올라오도록 하유하시는 것이 어떻겠습니
  까."
  "그렇게 하라."

옛 죽장현

府尹閔相公致憲永世不忘碑

光緒 二十年 甲午 五月 日

（좌측면）

蜀民歌袴 窮谷蒼生
東郡遮車 刻此口碑

我侯來暮 革除百獘
陽春有脚 化治一域

주소 : 포항시 북구 죽장면 새마을로 3610
지번 : 포항시 북구 죽장면 입암리 315
위치 : 죽장행정복지센터 정문 옆
높이×넓이×두께 : 93×33×15cm
비좌 : 신설 / 비개 : 단갈형

[문면 해석]

府尹閔相公致憲永世不忘碑 부윤 민치헌상공 영세불망비

我侯來暮 우리 원님 이렇게 늦게 오셔도

陽春有脚 발길 닿는 곳마다 따뜻한 봄날[76]

---

76 발길 … 봄날 : 당(唐)나라의 재상(宰相) 송경(宋璟)이 백성을 사랑하는 정사를 펼
치자, "그의 발길이 닿는 곳마다 따뜻한 봄빛이 만물을 비춰 주는 것 같다.[所至
之處 如陽春煦物也]"면서 '유각양춘(有脚陽春)'이라고 불렀다는 고사를 인용한
것이다. 《開元天寶遺事 卷下》

革除百弊 모든 폐단을 개혁하여 없애니

化洽一域 교화가 이 지역에 흡족하였네

蜀民歌袴 촉땅 백성들 바지노래 부르듯[77]

東郡遮車 동군에선 떠나가는 수레를 막네

窮谷蒼生 궁벽한 골짜기에 사는 창생들이

刻此口碑 이러한 칭송을 비석에 새기네

[좌측면]

光緒 二十年 甲午 五月 日 광서 2〇년(1894) 갑오 5월 일

[인적사항] : 전술함

[행적] : 전술함

---

77 촉땅 … 부르듯 : 후한(後漢) 때 촉군(蜀郡)에서는 화재를 막기 위해 백성들이 밤
에 작업하는 것을 금하였다. 염범(廉范)이 태수(太守)가 되어서 제도를 고쳐 밤에
작업을 하되 화재에 대비하여 물을 저장하도록 엄히 명령하였다. 그러자 백성들이
편리하게 여기면서 노래하기를 "염숙도(廉叔度)여, 어찌 그리 늦게 왔던가. 불을
금하지 않으니 백성들이 편안하게 일하네. 평소에 저고리가 없었더니, 지금 바지
가 다섯일세.[廉叔度來何暮 不禁火民安作 平生無襦今五袴]" 한 고사를 인용
한 것이다.《後漢書 卷31 廉范列傳》

府尹閔相公泳稷清德不忘碑

百里寄命　天水訟平
一境澤均　山火稅鐲
車下勞來　仁恩所盨
棠陰匈宣　永世心鐫
（후면）
光緖　十六年　庚寅　五月　日

주소 : 포항시 북구 죽장면 새마을로 3610
지번 : 포항시 북구 죽장면 입암리 315
위치 : 죽장행정복지센터 정문 옆
높이×넓이×두께 : 79×33×14cm
비좌 : 신설 / 비개 : 단갈형

[문면 해석]

府尹閔相公泳稷清德不忘碑[78]

부윤 민영직상공 청덕불망비

百里寄命 백리에 왕명을 받아 오시니

---

78 이 선정비의 비문은 권주욱(權周郁, 1825~1901)이 지었다. 그의 문집인 『포암
    집(逋庵集)』에는 비문의 제목이 「동도윤민영직거사비명(東都尹閔泳稷去思碑
    銘)」이라고 되어 있다.

一境澤均　온 지경에 은택이 고르도다

天水訟平　물대는 송사를 공평히 판결하고

山火稅蠲　산중 화전민의 세금을 없앴네

車下勞來　부임하자 위로하고 불러모아

棠陰旬宣　수령의 선정을 두루 펼쳤네

仁恩所盜　인자한 은혜 담긴 이 땅

永世心鐫　영세토록 마음에 새기리

[후면]

光緖 十六年 庚寅 五月 日　광서 16년(1890) 경인 5월 일

[인적사항] : 전술함

[행적] : 전술함

府尹趙相公永世不忘碑

公(諱明)鼎

崇禎紀元後 再辛未 十月 日

주소 : 포항시 북구 죽장면 면봉산길 54-1
지번 : 포항시 북구 죽장면 현내리 138
위치 : 현내리 마을숲 동쪽면
높이×넓이×두께 : 100×30×1
몸돌 216×61×54cm
비좌 : 없음 / 비개 : 없음
기타 : 자연석을 파고 새긴 감실형, 중간부분 부러짐

[문면 해석]

府尹趙相公永世不忘碑 부윤 조상공 영세불망비

公(諱明)鼎 공의 (휘는 명)정이다.

崇禎紀元後 再辛未 十月 日 숭정기원후 재신미(1751) 10월 일

[인적사항] : 전술함

[행적] : 전술함

府尹權相公萬古不忘碑

公諱世恒

崇禎後 再癸卯 八月 日

주소 : 포항시 북구 죽장면 면봉산길 54-1
지번 : 포항시 북구 죽장면 현내리 138
위치 : 현내리 마을숲 동쪽면
높이×넓이×두께 : 104×47×15cm
비좌 : 신설 / 비개 : 66×49×17, 원당형
기타 : 항恒자가 옛 글자[忄百]로 쓰여 있음

[문면 해석]

府尹權相公萬古不忘碑 부윤 권상공 만고불망비

公諱世恒 공의 휘는 세항이다.

崇禎後 再癸卯 八月 日 숭정후 재계묘(1723) 8월 일

권세항(權世恒, 1665~1725)

조선 후기의 문신이다. 자는 여구(汝久)이며 본관은 안동으로 권대임(權大任)의 증손자이다. 1693년 알성문과에 급제하였고, 1701년 사서(司書)가 되었다. 1705년 장령이 되고, 이듬해 필선 수찬 헌납 등을 지냈으며, 홍문록(弘文錄)과 도당록(都堂錄)에 올랐다. 1717년 문과중시(文科重試)에 장원하여 승지가 되었다. 1722년에 경주부윤이 되어 경주에 있는 송시열(宋時烈)의 영당(影堂)을 철거하도록 하고, 이를 반대하는 선비들을 감옥에 가두었다.

[행적]

• 『영조실록』 1년(1725) 5월 17일

경상도(慶尙道) 경주(慶州)의 유생(儒生) 채명보(蔡命寶) 등이 상소하였다.

"본고을에 있는 선정신(先正臣) 송시열(宋時烈)의 영당(影堂)이 지난 임인년에 흉당(凶黨)들에 의해 철거(撤去)되었습니다. 이는 당시 기사년의 잔당(殘黨)인 권세항(權世恒)이 이 고을의 부윤(府尹)으로 왔고 그의 도당인 홍상빈(洪尙賓)이 이웃 고을의 수재(守宰)로 와 있으면서 은밀히 도내(道內)의 귀역(鬼蜮)과 같은 무리를 사주하였는데, 권집(權潗)·최봉(崔鳳) 등 1백여 인이 그들의 지휘(指揮)를 받아 기필코 원우(院宇)를 파괴하고야 말려고 하였습니다. 본주(本州)의 장보(章甫)들이 사문(斯文)의 참액(慘阨)을 눈으로 직접 보고는 일신의 화복(禍福)은 돌아보지 않고 의리로써 막고 정성으로써 수호하니, 권세항이 드디어 이졸(吏卒)을 풀어 신 등 50여 인을 체포하여 칼을 씌우고 족쇄를 채워 옥에 가두었습니다. 그리고 연호 군정(煙戶軍丁)과 승도(僧徒) 1천여 명을 풀어 묘우(廟宇)에 갑자기 뛰어들어 와서 단번에 철거하여 버렸으므로 선정(先正)의 영령을 모시고 제사지내는 곳이 그만 폐허가 되었으니, 그 해괴하고 패악스러운 거조와 그지없이 참담한 광경은 차마 말할 수가 없었습니다. 심지어 영족(影簇)까지도 온갖 방법으로 욕을 보이고는 또 갈갈이 찢어 불에 태우려고 하였습니다. 한시유(韓是愈)·한흥유(韓興愈) 등이 관부(官府)에 정문(呈文)하여 목숨을 걸고 힘껏 다투니, 권세항이 그들의 정의를 수호하는 것에 분노한 나머지 자신의 위세(威勢)를 믿고 곧바로 혹독한 형장(刑杖)을 쳐서 더할 수 없이 참독(慘毒)스럽게 하였으며, 잡아 가두고 협박하여 온갖 방법을 다 썼으므로, 이런 지독한 형장 아래 끝내 목숨을 보존할 수가 없어 한시유는 드디어 죽고 말았습니다. 유궁(儒宮)의 횡액과 사류(士類)의 참화가 고금에 어찌 이런 경우가 있었겠습니까? 권세항에게는 이미 추탈(追奪)하는 죄벌이 가해졌는데 홍상빈만이 홀로 죄벌을 피할 수가 있겠습니까? 그리고 그 일을 수창(首倡)한 유생(儒生)은 엄형을 가한 다음 먼 곳으로 유배(流配)하라는 분부가 더없이 엄절(嚴截)하였는데도 감사(監司) 권이진(權以鎭)은 선정(先正)의 외손(外孫)으로서 수개월을 미루면서 징치(懲治)하는 거조가 없었습니다. 홍상빈과 권세항은 똑같이 율문(律文)에 의거하여 죄를 결정하고 수창했던 여러 유생(儒生)들도 전일의 분부에 따라 엄형을 가한뒤 유배시키소서."

비답(批答)하였다.

"홍상빈이 한 짓은 진실로 더없이 놀라울 만하니 특별히 삭출(削黜)하는 형벌을 시행하고, 수창한 유생은 조사하여 찾아내어 형벌을 가한 다음 유배하라."

5.3.5 경주부윤 유장환 선정비

崇禎紀元後 四己亥 十月 日
府尹兪相公章煥愛民善政碑
頌曰 勸懲以公 化成治隆
損益以中 清德其風

주소 : 포항시 북구 죽장면 면봉산길 54-1
지번 : 포항시 북구 죽장면 현내리 138
위치 : 현내리 마을숲 동쪽면
높이×넓이×두께 : 84×34×11cm
비좌 : 신설 / 비개 : 단갈형

[문면 해석]

府尹兪相公章煥愛民善政碑

  부윤 유장환상공 애민선정비

頌曰 칭송하기를

勸懲以公 상벌은 공정함으로 하였고

損益以中 손익은 적중함으로 하였네

化成治隆 교화는 성취되고 정치는 융성해

清德其風 맑은 덕이 바로 그의 풍모일세

崇禎紀元後 四己亥 十月 日 숭정기원후 4기해(1899) 10월 일

유장환(兪章煥, 1798~1872)

조선 후기의 문신이다. 자는 운여(雲汝)이고 호는 이재(頤齋)이
다. 본관은 기계이며 아버지는 유평주(兪平柱)이다. 1826년(순
조 26) 별시문과에 병과로 급제하였으며, 설서 지평 교리를 거쳐
1829년에는 진하서장관(進賀書狀官)으로 중국에 다녀왔다. 그 뒤
참의 참판 승지 대사간 등 요직을 지냈고, 안변 경주 양양 강계
회양 파주의 수령을 역임하였다. 또, 1858년(철종 9) 이후에는 강
화유수 도총부도총관 의정부우참판에 임명되었고, 1862년 임술
민란(壬戌民亂)이 일어난 뒤 충청도관찰사가 되어 민심수습과 치
안유지에 힘썼다. 고종 즉위 후에도 대사헌 한성부판윤 예조판
서 등 고위직에 등용되었으며, 1864년 사은 겸 동지정사(謝恩兼
冬至正使)로 중국에 다녀왔다. 1867년 기로사(耆老社)에 들어갔고,
시호는 효정(孝靖)이다. 경주에는 1839년 경주부윤으로 부임하
여 1841년 사간원 대사간이 되어 이임했다.

[행적]

• 『승정원일기』 헌종 6년(1840) 9월 10일

"… 경주부윤 유장환은 신병이 침중하여 내려갈 수 없습니다.
그 병이 이와 같으니 억지로 임지로 돌아가게 하기도 어렵습니
다. 파직하여 내보내는 것이 어떻겠습니까?"

"윤허한다."

- 『승정원일기』 헌종 6년(1840) 11월 8일

  "새로 제수된 승지 유장환은 파직되어 직책이 없는데, 전임 경주부윤의 해유(解由)를 아직 제출하지 않았습니다. 어찌할지를 감히 품의합니다."

  "구애되지 말고 서용하라."

- 『승정원일기』 헌종 7년(1841) 12월 10일

  의정부에서 아뢰었다.

  "… 전경주부윤 유장환 …의 문목(問目)에 있는 사연은, 대체로 일처리가 늦은 죄를 말하면서 형벌하기를 청하였습니다. 유장환은 시종신으로 있었으니 형을 청하지 말게 하고 의논하여 처리하는 것이 어떻겠습니까?"

  "아뢴대로 윤허한다."

5.4.1 인동부사 서필도 선정비

大邱居仁同府使徐必道不忘
碑

捐金二百
惠我洞人
語及片石
衆議同脣
(우측면)
甲寅 十月
日

주소 : 포항시 북구 죽장면 면봉산길 780번길 1
지번 : 포항시 북구 죽장면 두마리 743-2
위치 : 두마리 마을 입구 숲 건너편
높이×넓이×두께 : 70×28×13cm
비좌 : 자연석 / 비개 : 단갈형
기타 : 이 지역 수령의 선정비가 아님

[문면 해석]

大邱居仁同府使徐必道不忘碑
　대구 거주 인동부사 서필도 불망비

大邱居仁同府使徐必道不忘碑　대구 거주 인동부사 서필도 불망비

捐金二百　이백 금을 내어

惠我洞人　우리 동민에게 은혜를 입혔네

語及片石　작은 돌을 세우자는 말이 나오자

衆議同脣　여러 의논이 일치하였네

甲寅 十月 日 갑인 10월 일

서필도(徐必道, 1822(추정)~?)

조선 말기의 무관이다. 1876년 가산별장(架山別將)으로 보임되었으며, 대구성을 쌓을 때에 부석기관(浮石記官)으로 일했다. 1889년 인동부사를 지냈고, 1902년 가의대부에 승진했다는 기록이 남아 있다. 죽장 두마리에 그가 어떤 인연을 가졌는지는 확실하지 않으나, 이백 금을 내어 산중의 백성에게 은혜를 끼쳤다고 하며, 당시에 세운 비석이 마모되자 2004년에 더 큰 비석으로 새로 세우고 원비도 그 곁에 세워두었다.

[행적]

• 『승정원일기』 고종 13년(1876) 12월 11일
  서필도(徐必道)를 가산별장(架山別將)으로 삼았다.
• 『승정원일기』 고종 26년(1889) 11월 9일
  서필도를 인동부사(仁同府使)로 삼았다.
• 『승정원일기』 고종 26년(1889) 11월 19일
  이조에서 아뢰었다.
  "인동도호부사 서필도와 평산도호부사 김재풍(金在豊)은 몸에 병이 있어서 장계를 올려 체직되기를 원하니 함께 개차하는 것이 어떻겠습니까?"
  "윤허한다."
• 『승정원일기』 고종 39년(1902) 8월 24일

··· 종2품 서필도 ··· 가의대부(嘉義大夫)로 승진함. 이상은 대황 제폐하께서 기로사에 들어가실 때에 조관 중에서 나이 80이 된 사람에게 성은으로 직급을 더하여 주라고 하신 칙명을 받들었음.

6. 목관

6.1

옛 장기목장

6.1.1 흥인군 이최응 선정비

一提調興寅君李領相公最應永世不忘碑

주소 : 포항시 남구 동해면 호미로 2490번길 70
지번 : 포항시 남구 동해면 흥환리 227
위치 : 흥환리 비각 / 높이×넓이×두께 : 122×44×21cm
비좌 : 84×51 / 비개 : 78.5×50×32 옥개형 / 기타 : 지역민의 이름이 훼손되어 있음

[문면 해석]

一提調興寅君李領相公最應永世不忘碑
일제조[79] 흥인군 이최응영상공 영세불망비

79 일제조(一提調) : 조선시대 말을 관장하던 사복시(司僕寺)에는 제조(提調) 2인을
두었는데, 일제조는 의정(議政)으로 겸보하도록 했었다.

（후면）

以
延日之壤而屬乎鬐之牧者凡七坊坊之民總若干
戶而維錯之貢出焉姦猾輩固贪監斂者殆幾千數
民莫能聊生我興寅大監特軫黎情燭微奸而蠲
其濫祛痼弊而塞其源於是乎流散還集闔境晏然
噫靡我大爺之深恩厚德烏能保有今日乎玆庸
伐石而紀其績以示不忘係之以銘曰
海隅褊壤弊痼滋磎公其蘇流民畢歸深思巍
德瞻彼溟嶽用鑴于珉億世不泐

光緖 八年 壬午 五月 日

監役 李啓東　○○○
邑吏 徐○○　○○○
正足 ○○○　九萬 ○○○　眞興 ○○○　大冬 ○○○　余士 ○○○　鉢山 ○○○　稷串 ○○○

[후면]

以延日之壤 而屬乎鬐之
牧者 凡七坊 坊之民總若干
戶 而維錯之貢 出焉姦猾輩
固贪監斂者 殆幾千數 民莫
能聊生 我興寅大監 特軫黎
情 燭微奸而蠲其濫 祛痼弊
而塞其源 於是乎 流散還集
闔境晏然 噫 靡我大爺之深
恩厚德 烏能保有今日乎 玆
庸伐石 而紀其績 以示不忘
係之以銘曰

연일현의 땅이면서 장기목장에
속해 있는 것이 모두 일곱 방이고
방의 백성이 모두 여러 호이다. 그
런데 얽히고 뒤섞인 공물이 간사하
고 교활한 무리에게서 나오니, 진실
로 연관되어 감독하고 거두어들이
는 것이 거의 수천 냥이어서 백성이
생활을 이어갈 수가 없었다. 우리
흥인대감께서 특별히 백성의 사정
을 살피셨으니, 미세한 간사함도 통

촉하시어 마구 징수하는 것을 없애주시고, 고질적인 폐단을 없애고 그 근원을
막으셨다. 이렇게 하자 흩어져 떠돌던 백성이 다시 모이고 온 지경이 평안해졌
다. 아아, 우리 큰 어른의 깊은 은혜와 두터운 덕이 아니었으면 오늘날까지 어떻

게 능히 보전할 수 있었겠는가. 이에 돌을 깨내어 그 사적을 기록하여 잊지 않음을 보이고, 이어서 명을 지었다.

海隅褊壤　바닷가 구석의 좁다란 땅에

弊痼僞滋　폐단이 굳어지고 거짓이 자랐네

徯公其蘇　기다리던 공께서 소생시키시니

流民畢歸　떠돌던 백성이 다 돌아왔네

深思巍德　높으신 덕을 깊이 생각하니

瞻彼溟嶽　저 바다와 산악을 우러르는 듯

用鑴于珉　여기 깨끗한 돌에 새기노니

億世不泐　억년까지도 깨어지지 않으리

光緖 八年 壬午 五月 日

監役 李啓東

邑吏 徐〇〇 〇〇〇 〇〇〇

正足 〇〇〇 九萬 〇〇〇 眞興 〇〇〇 大多 〇〇〇 余士 〇〇〇 鉢山 〇〇〇 稷串 〇〇〇

광서 8년 임오(1882) 5월 일

감역 이계동 읍리 서〇〇 〇〇〇 〇〇〇

정족 〇〇〇 구만 〇〇〇 진흥 〇〇〇 대동 〇〇〇 여사 〇〇〇 발산 〇〇〇 직환 〇〇〇

이최응(李最應, 1815~1882)

조선 말기의 왕족이다. 본관은 전주이고 자는 양백(良伯)이며 호는 산향(山響)이다. 흥선대원군 이하응(李昰應)의 형으로 흥인군(興仁君)에 봉해졌다. 1863년(고종 즉위)에 종척집사(宗戚執事)가 된

후 좌찬성 등을 거쳐 1865년 경복궁 중건 때 영건도감제조(營建都監提調)를 지냈고, 판의금부사 호위대장 등을 역임했다. 1873년 대원군이 물러나고 민씨정권이 수립되자, 호위대장을 거쳐 이듬해 좌의정이 되었다. 1875년 세자의 스승을 겸하면서 예전과 격식이 다른 일본의 서계를 받아들이자고 했으며, 그해 영의정이 되었다. 1881년 통리기무아문의 총리대신이 되었고, 1882년 광주부유수를 거쳐 다시 영돈녕부사가 되었으나, 1882년 임오군란 때 난민(亂民)들에 의해 살해되었다.

[행적]
이 지역과 관련된 특기사항은 없다.

6.1.2 감목관 민치억 선정비

譽馳關○　○○廉德
成芳鄰○　○○流民
（후면）
海斂完　查爾　恩光被　○　永永　○○
監牧官閔公致(億)○世不○○
光緒　八年　五月　日

주소 : 포항시 남구 동해면 호미로 2490번길 70
지번 : 포항시 남구 동해면 흥환리 227
위치 : 흥환리 비각
높이×넓이×두께 : 86×34×16cm
비좌 : 64×45 / 비개 : 60×40×33 옥개형
기타 : 마모 심함

[문면 해석]

監牧官閔公致(億)○世不○○

감목관 민치(억)공 (영)세불(망비)

譽馳關○ 관문에 명성이 드러났고 …

成芳鄰○ 아름다운 명성과 이웃 …

○○廉德 … 청렴한 덕

○○流民 … 떠도는 백성들

海斂完○ … 바닷가 가렴주구 모두 …

恩光被○ 은혜의 빛을 입은 …

咨爾○○ 아아, 너희 …

永永○○ 영영토록 …

[후면]

光緒 八年 五月 日 광서 8년(1882) 5월 일

민치억(閔致億)

조선 말기의 문신이다. 본관은 여흥이고 아버지는 민태현(閔泰鉉)이다. 민씨 척족으로, 친미파였다가 친일파가 된 민상호(閔商鎬)의 아버지이다.

[행적]

• 『승정원일기』 고종 11년(1874) 7월 12일
  민치억(閔致億)을 가인의(假引儀)로 삼았다.

• 『승정원일기』 고종 11년(1874) 10월 10일
  "가인의 민치억은 승륙하여 6품직에 빈 자리가 나기를 기다려 의망하여 들이라."

• 『승정원일기』 고종 11년(1874) 10월 19일
  민치억을 빙고 별제(氷庫別提)로 삼았다.

• 『승정원일기』 고종 12년(1875) 2월 20일
  "민치억은 찰방 자리가 나기를 기다려 제일 먼저 의망해 들이라."

- 『승정원일기』고종 17년(1880) 3월 30일

  민치억을 울산 감목관(蔚山監牧官)에 단부하였다.
- 『승정원일기』고종 25년(1888) 6월 9일 민치억을 자성 군수(慈城郡守)로 삼았다.

6.1.3 울목부찰 김노연 선정비

蔚牧金副察魯淵永世不(忘碑)

再造七坊　疇克贊成
寔由司僕　南撬殫力
既成其惠　咨爾海氓
寧泯其跡　視茲片石

주소 : 포항시 남구 동해면 호미로 2490번길 70
지번 : 포항시 남구 동해면 흥환리 227
위치 : 흥환리 비각
높이×넓이×두께 : 74×33.5×15cm
비좌 : 61×37 / 비개 : 49×36×24 옥개형

[문면 해석]

蔚牧金副察魯淵永世不(忘碑)

울목 김노연부찰 영세불(망비)

再造七坊 일곱 마을[80]을 다시 살리심은

80　일곱 마을 : 정족 구만 진흥 대동 여사 발산 직환 등의 바닷가 일곱 마을이다.

寔由司僕 실로 사복시[81]에서 말미암았네

疇克贊成 능히 경계를 지도하여 이루고

南掾殫力 남쪽을 돕기에 힘을 다했네

旣成其惠 이미 그 은혜가 이루어졌는데

寧泯其跡 어찌 그 사적을 잊어버리리

咨爾海氓 아아 너희 바닷가 백성들

視玆片石 여기 이 작은 돌을 보아라

연월일 기록 없음

김노연(金魯淵)
자료 없음

[행적] : 자료 없음

81 사복시(司僕寺) : 조선시대에 궁중의 말과 가마에 대한 일을 맡아보던 관청의 이름이다.

제3장

선정비 산책

1. 선정비를 이해하면서

우리는 지금, 선정비에 새겨진 내용을 어떻게 읽어야 하는가.

많은 분이 선정비에 대해 사전지식을 가지고 있다. 그리고 그 지식이 대부분 부정적 내용이다. 예를 들면 동학혁명의 불씨가 된 고부군수 조아무개의 선정비 등이나, 현대에 무질서하게 세워지는 송덕비들이 그런 선입관을 형성하게 했다. 실제로 비석에 새겨진 내용이 과장되거나 거짓인 경우도 있다.

그러나, 모든 비석이 거짓일 리는 없다. 지금까지 인류가 역사를 재구성하는 데 가장 신뢰한 자료가 금석문이었다. 최근의 일부 비석에 문제가 있다고 해서 모든 금석문을 배제하는 것은 매우 어리석은 일이다. 더욱이, 최근의 금석문도 대부분은 진실을 담고 있으며, 그렇지 않다고 해도 최소한 속사정을 드러내고는 있다.

실제로 포항의 선정비들을 모두 조사하고 기록하는 동안, 이 선정비들이 생각보다 많은 정보를 정직하게 담고 있음을 발견할 수 있었다.

일단, 선정비의 외면을 문자대로 읽기만 해도 내용을 알 수 있는 경우이다.

제방을 쌓았다는 원님은 제방을 쌓은 실적이 있었고, 못을 막거나 숲을 조성했다는 것도 사실이었다. 당연히 주민의 노동력과 세금부담을 전제로 하는 일이기는 했겠지만, 그런 민생사업을 기획하고 추진했다는 것은 선한 정사임이 틀림없었다.

또한, 부임하기 전에 이미 국가적 공적이 있었거나 이임한 뒤에 현저한 업적으로 전임지까지 명예롭게 하는 경우도 있었다. 나라가 위태할 때 영웅적으로 전투를 지휘하여 승전의 성과를 올린 원님도 왔었고, 이임한 뒤에 다른 임지에서 중요한 성과를 이루어 칭송받게 되는 원님도 있었다.

다음으로, 선정비의 내면을 읽어야 내용이 잘 보이는 경우도 있었다.

어떤 원님이 지방 특산물을 가혹하게 거두지 않았으므로 감사하다고 새긴 비석이 있다. 이 비석은 일단, 특산물이 가혹하게 수탈되고 있었음을 확실히 증언하고, 그가 줄여준 것도 상당히 많았다는 것도 알려준다.

어떤 원님은 아전들이 백성을 가혹하게 수탈하지 못하게 했으니 감사한다는 비석도 있다. 당연히 이 비석 또한 수탈의 내용을 직접적으로 기록해 알려 주고 있고, 당시에 수령의 통치에 아전이 현지 권력자로서 부정적인 영향을 많이 미쳤음을 증언하고 있다.

또 수령들이 제방을 축조하거나 인공적인 조림을 하는 등으로 가뭄과 홍수에 대비해 주어서 감사하다고 선정비가 세워졌다. 당연히 이런 업적은 감사할 일이겠지만, 자세히 보면 업적이 중복되는 경우도 있다. 결국, 어떤 원님이 쌓은 제방을 다음 원님이 백성을 동원하여 노력과 비용을 부담시키고 선정비를 세운 것이다.

선정비는 비석에 새긴 문자를 읽고 이해하는 것이지만, 문자 이외의 정보를 주는 선정비도 있었다.

대표적으로, 비석을 세웠다가 후일에 훼손하거나 매몰해버린 경우가 있다. 국가적 명령에 의해 매몰된 것도 있지만, 많은 수가 자발적으로 깨지거나 묻히게 되었다. 그것도, 어떤 경우에는 강제로 동원된 설립책임자들이 자기 이름만 깎아버리기도 했지만, 표제와 함께 전문을 완전히 쪼아버린 경우도 있다. 이러면 문자가 전혀 없게 되지만, 선정비의 속사정을 이해하는 데에는 도리어 선명한 기호가 될 수 있었다.

포항에서도 많은 선정비가 예의상 설립된 것이었다. 수령의 강요에 의해서든 지방 유지들의 이익을 위해서든, 주민들은 마음에 없는 선정비를 세워줄 수밖에 없었다. 이런 비석들의 특징은 비석의 문장에 잘 드러났다. 구체적인 선정 내용은 없으면서 상투적인 찬양문을 새겨두었다. 선정비군을 산책하면서 비문을 읽으면 그 비석을 세운 백성의 마음이 느껴질 때가 있다.

2. 선정비와 만나기

1. 일단, 현재의 선정비들을 문화유산으로 정리하고 보호하는 조치를 취하는 것이 중요하다. 포항시에서는 2022년 5월에 포항 관내의 선정비들을 조사하고 검토하여 향토문화유산으로 지정했다.

   지정의 원칙은 다음과 같았다.
   - 포항의 4군현 수령에 대한 선정비는 일단 모두 지정하여 관리한다.
   - 경상도관찰사와 경주부윤의 경우에는 타 지자체와의 보조를 맞추기 위해 일단 보류한다.
   - 수령 이외의 관원에 대한 선정비는 지정을 보류한다.

   선정비를 체계적으로 관리하기 위한 방안도 정했다.
   - 모든 선정비에 대해 QR코드를 포함한 안내판을 제작하여 일괄 설치한다.
   - 비지정 선정비에도 동일한 관리방안을 시행한다.
   - 보존에 난점이 있는 선정비는 안전한 보존방안을 마련한다.

2. 이제 각 안내판이 설치되면 우리는 포항에서 선정비 산책을 즐길 수 있을 것이다. 대부분은 선정비군으로 모여 있지만, 일

부는 개별적으로 산재하고 있다. 중요한 비군에 대해 산책로를 안내한다.

- 청하면사무소 마당에는 겸재 정선의 그림에도 나오는 회나무가 서 있고, 그 북쪽 담장 아래에 새로 조성된 잔디공원에 선정비들이 줄을 지어 서 있다. 선정비를 살피고 바로 돌아서지 말고 청하읍성을 돌아보는 것은 매우 의미있다. 청하초등학교 서편 담장과 동편 담장 아래부터 청하면사무소 동편에서 북쪽으로 돌아가는 담장 모두가 수백년 된 읍성이다. 그 모서리 밖에는 향교가 있고 그 입구에 하마비와 내부에 흥학비가 있다.
- 흥해에는 시가지 한가운데에 영일민속박물관이 있다. 옛 흥해군의 동헌이었다는 제남헌의 동쪽 담장 아래와 정면에 선정비들이 줄을 지어 서 있다. 선정비군은 흥해군수와 경상도관찰사의 선정을 기록한 것이지만, 그 속에 충성스러운 여종 갑련아가씨의 비석도 섞여 있다. 찬찬히 읽어볼 것을 권한다.
- 흥해읍 북송리에는 천연기념물로 지정된 소나무 숲이 있다. 이득강군수 때에 인위적으로 조성된 것이 확실한데 워낙 잘 보존되고 번성하여 천연기념물이 되었으니 특이하고 자랑스러운 숲이다. 이 숲을 산책하면 하류 쪽 끝에 활터가 있고 활터 남쪽에 청덕사라는 사당이 있다. 이 사당 마당에 선정비들이 서 있다.
- 옛 포항역이 폐역되면서 철길이 멋진 산책로로 바뀌었다. 이 산책로의 이동 고가도로 아래에서 남쪽으로 조금 걸어가면 득량동 290번지에 경상도관찰사와 연일현감의 비석이 섞여 서 있다. 그 중 하나는 이 지역 선비의 제자들이 세운 감사비이다.
- 연일읍 중명리 마을 앞 옛부조장터 길가에 2기의 선정비가 있다. 예전에 유명한 보부상 장시였던 부조장터가 요즘 주목을 받고 있어서 이 비석의 복제본도 만들어졌다. 그러나 역시 원본을 보는 것이 훨씬 실감이 있다.

- 연일읍사무소 서편 담장 아래에 선정비군이 있다. 전에는 관리상태가 약간 부실했지만 최근에 장소를 정비하고 보호난간을 설치하여 많이 양호해졌다.
- 대송면 남성리에는 연일정씨의 조상을 모신 남성재가 있다. 이 남성재 주차장의 북쪽 언덕에 선정비 3기가 있다. 마모가 심하여 읽기는 불편하지만, 이제 안내판을 세우면 최소한의 내용은 읽을 수 있을 것이다. 남성재 뒤편에는 옛 연일읍성의 유적이 많이 남아 있다.
- 장기면사무소 입구 담장 밖에는 선정비군이 줄지어 있다. 훼손된 비석도 있지만 비교적 잘 보존된 것들이어서 공부하기 좋다. 면사무소 마당에는 쇄국정책 시대에 세운 척화비가 있다. 그 앞에 선 한옥 건물이 옛 장기현 동헌이었던 근민당이다.
- 장기면사무소에서 장기읍성으로 올라가는 길을 따라 400미터쯤 가면 오른쪽으로 길이 갈라지는 지점이 있다. 여기서 읍성으로 조금 올려다 보면 큰 바위가 하나 있다. 이 바위면에 4기의 선정비가 새겨졌다가 파내진 흔적이 있다. 애써 읽으면 세 글자 정도는 읽히는데, 나머지는 알 수가 없다. 이 바위에서 위로 올라가면 우암 송시열과 다산 정약용이 귀양신고를 한 장기읍성 현청 자리가 있고, 아래로 내려오면 그들의 유배지 추정 유적이 있다.
- 신광면사무소 마당에는 국보 냉수리신라비 보호각이 있다. 바로 그 곁에 경주부윤의 선정비가 있다. 그 일대가 신라시대부터의 토성터라고 한다. 걸어보실 것을 권한다.
- 기계면사무소 서편 담장 아래에도 선정비군이 있고 경주부윤의 선정비가 있다. 면사무소북쪽에 도원 이말동선생을 기념하는 도원정사가 있고, 기계중학교 앞에 기계서숲이 있어서 산책하기 좋게 정비해 두었다.
- 죽장면사무소 마당에도 경주부윤의 선정비가 있는데, 면사무소에서 동북쪽으로 700미터쯤 가면 유명한 입암28경의 명승과 입암서원이 있다.
- 죽장면 현내리 마을 앞에 숲이 있는데, 여기에 3기의 경주부윤 선정비가 있

다. 그 중에 1기는 깨진 상태로 누워 있는데 곧 보존조치를 할 예정이다. 현 내리에서 서쪽으로 계속 들어가면 하늘 아래 첫동네라는 두마리가 있다. 진 정한 산촌마을의 정경이 남아 있는 마을이다.

선정비 외에도 지역에 많은 금석문이 있다. 일일이 설명할 겨 를이 없기는 하지만, 자기 지역의 문화유산을 모르는 것도 일종 의 가난이다. 문화가 가난하지 않은데 우리가 무심해서 가난해 진 것은, 아무래도 억울하다.

3. 선정비 컨텐츠 구축 방안 연구

- 국가적 사건과 관련된 수령 행적 조사
  신미양요의 영웅 지홍관, 춘생문사건의 남만리, 삼도수군통제사 김영수 등
  역사적 행적과 지역 수령으로서의 행적 연관한 컨텐츠 개발
- 지역 선정과 관련한 수령 행적 조사
  관개시설 구축, 방조방풍림 조성, 이양선 격퇴 등
  지역민과 함께 일하는 수령의 이미지 개발
- 지역 현안에 대응하는 수령 행적 조사
  세금, 부역, 해폐, 산원, 목장 폐단, 서리 감독 등
  지역민과 호흡하는 수령의 이미지 개발

포항학총서 6
돌에 새긴 시대의 속내 – 포항의 선정비 ©김윤규

발행일	2023년 3월 20일 초판 1쇄
발행처	포스텍 융합문명연구원
지은이	김윤규

펴낸곳	도서출판 나루
펴낸이	박종민
디자인	홍선우
등록번호	제504-2015-000014호
전화	054-255-3677
팩스	054-255-3678
주소	포항시 북구 우창동로 80
페이스북	www.facebook.com/narubooks

ISBN	979-11-982261-1-2 04090
	979-11-974538-6-1 04090 (set)

본 저서는 포스텍 융합문명연구원의 지원을 받아 연구되었음.
This book published here was supported by the POSTECH Research Institute for Convergence
Civilization (RICC).